东北全面振兴 辽宁三年行动研究丛书

辽宁省重点主题出版扶持项目

石化产业绿色、智能、创新高质量发展

辽宁探索与实践

钱建华 等 著

东北财经大学出版社
Dongbei University of Finance & Economics Press
大连

图书在版编目（CIP）数据

石化产业绿色、智能、创新高质量发展：辽宁探索与实践 / 钱建华等著. —大连：东北财经大学出版社，2025.7. —（东北全面振兴·辽宁三年行动研究丛书）. —ISBN 978-7-5654-5746-3

Ⅰ. F426.22

中国国家版本馆CIP数据核字第20259DQ926号

石化产业绿色、智能、创新高质量发展——辽宁探索与实践

SHIHUA CHANYE LÜSE、ZHINENG、CHUANGXIN GAOZHILIANG FAZHAN——LIAONING TANSUO YU SHIJIAN

东北财经大学出版社出版发行

大连市黑石礁尖山街217号　邮政编码　116025

网　　址：http://www.dufep.cn

读者信箱：dufep@dufe.edu.cn

大连金华光彩色印刷有限公司印刷

幅面尺寸：170mm×240mm　字数：166千字　印张：13.25

2025年7月第1版　　2025年7月第1次印刷

责任编辑：李　季　王　丽　张晓鹏　石真珍　　责任校对：何　群

封面设计：张智波　　版式设计：原　皓

书号：ISBN 978-7-5654-5746-3　　定价：66.00元

教学支持　售后服务　　联系电话：（0411）84710309

如有印装质量问题，请联系营销部：（0411）84710711

前　言

中国近代石油化工行业萌芽于19世纪中叶，经过了多年的艰苦历程，直到新中国成立前夕，它的基础仍然极其薄弱。在新中国成立后，石油工业实现了飞速发展，从2010年开始中国一跃成为石油和化工经济总量世界第二、化工经济总量世界第一的大国。很多子行业从无到有、从小到大、从弱到强，发生了翻天覆地的变化，为中华民族伟大复兴作出了不可磨灭的重要贡献。

新中国成立初期，我国原油产量仅有12万吨，远远无法满足国民对石油产品的需求，国内消费的石油主要依赖进口。为了扭转这一艰难局面，国家大力开展石油勘探开发，相继发现并开发了大庆、胜利、辽河等油田，最终推动我国原油产量在1978年达到1亿吨以上。目前，中石化已发展成为集上下游、产供销、内外贸一体化的能源化工公司，是世界第一大炼油商和第二大乙烯生产商。截至2020年，国内新增原油探明地质储量连续15年超过6亿吨，进一步夯实了原油稳产的资源基础；同时国内原油产量保持在1.9亿吨左右，依托稳定的产能与资源储备，我国已成为世界主要石油生产国之一。我国原油产量的提高，促进了炼油行业的发展，炼油质量、能力和装置规模都得到极大提升。截至2023年，我国原油加工能力达到1 848.4万桶/日，已成为全球第一大炼油国，并先后建成了27个千万吨级大型炼油基地，使平均炼油规模从改革开放之初的300万吨/年提高到552万吨/年。

辽宁作为我国石油和化工大省，具有良好的石油化工基础，是我国重要的石化产业基地。新中国第一所石油工业院校在这里诞生，中国炼油工业技艺“五朵金花”中的关键技术也在此孕育突破，历史上，辽宁还曾担负着我国1/6国防用油和1/7农业用油的生产任务。辽阳石化则是新中国最早引进成立的“四大化纤基地”之一，扛起了建设大化纤这项重大的政治任务。锦州石化更是生产出新中国第一滴人造石油、第一块合成顺丁橡胶。

辽宁石化产业在中国共产党的正确领导下，以民族振兴为己任，以工业建设为基石快速崛起，从1928年开始起步，走过了90多年的发展历程。从产业创建初期的油母页岩、煤制油、天然石油的加工，到新中国成立后石化产业的恢复与发展；从恢复炼油装置、不断提高原油加工能力、提升炼油技术，到20世纪70年代末重新调整石化产业结构、开发辽河原油资源；从建立多方投资的石化产业，到现在建立石化产业一体化发展的大格局，可以说，辽宁的石化产业是中国炼油工业的时代引领者。

如今，辽宁依然担负着重要的生产、保供任务，依然是我国石化行业中的排头兵。经过长期发展，尤其是实施全面振兴新突破三年行动以来，辽宁全力打造世界级石化及精细化工产业基地，已构建起以大连长兴岛、盘锦辽东湾、锦州湾为核心区域的沿海石化产业带，炼油产能、乙烯产能等多项指标位居全国前列，石化产业总产值占全省工业总产值的30%以上。2024年，全省石化行业实现营业收入9 444.7亿元，占GDP的30.0%，全省原油加工量8 049.4万吨，乙烯产量396.5万吨，PTA产量1 795万吨，初级形态塑料638.3万吨，处于全国前列。

当前，在全球能源结构持续转型、“双碳”目标强力推进、石化产业链加速重构的背景下，全球石化产业发展呈现炼化一体化、绿色化、智能化、高端化趋势。习近平总书记在中共中央政治局第三十六次集体学习时指出："要下大气力推动钢铁、有色、石化、化工、建材等传统产业优化升级，加快工业领域低碳工艺革新和数字化转型。"2024年辽宁大力推动"减油增化""减油增特"，加大研发投入与创新力度，加速产业结构优化调整，以系统性思维推动产业转型升级，构建"高端引领、绿色低碳、数智融合、安全可控"的现代化产业体系，实现石化产业高质量、可持续发展，成效显著。

2025年是全面贯彻党的二十届三中全会精神的开局之年，是进一步全面深化改革的关键一年，也是"十四五"规划的收官之年、辽宁全面振兴新突破三年行动的决胜之年。要积极践行新发展理念，加快推动石化产业朝着"原料多元化、产品高端化、产业集群化、绿色低碳化"方向发展，着力提升产业链、创新链、人才链和价值链。在"十四五"期间，辽宁石化产业通过大力实施创新驱动和绿色发展战略，加快供给侧结构性改革，推进产业结构和产品结构调整，取得了高质量发展的新业绩。在"十五五"期间，辽宁石化产业将进一步推动全面深化改革，扩大开放合作，加快高质量转型升级。

今天，辽宁石化行业依然承载着历史使命、背负着时代重任，也必将紧紧围绕国家战略，向一体化、规模化、集群化、智能化和绿色化方向发展，通过绿色、智能与创新助推国家石化行业的高质量发展，向世界级石化产业基地迈进。

作 者

2025年3月

目 录

1
辽宁石化产业发展变迁

1.1 辽宁石化产业初创（1928—1948年）

1909年，抚顺胜利矿西大井发现油母页岩，储量达54亿吨。1928年建石油一厂，以油母页岩生产人造石油，1930年产量5.8万吨。1939年建东制油厂（石油二厂），年产4万吨页岩原油；同年石油三厂试运营，利用抚顺烟煤生产加氢液化原油。1943年年末，东北石油五厂（锦西石化）焦油和常压蒸馏装置完工，1944年低温干馏炉竣工。1933年，大连甘井子建"满洲石油株式会社大连制油所"（东北石油七厂），1935年投产，年加工能力15万吨。1945年日本投降后，国民政府资源管理委员会接管石油工业。石油一厂干馏装置间断开工，石油二厂、三厂停工并遭破坏。1946年，锦州合成厂被国民政府接收，设备运往上海，工厂成废墟；大连制油所被接管并更名为东北炼油厂，于1947年遭严重破坏。

1.2 辽宁石化产业恢复与发展（1949—1969年）

1.2.1 炼油装置恢复

1950年4月，在北京燃料工业部召开全国石油工业会议，制定了"石油工业要天然油与人造油并重"的方针，支持抚顺石油一、二、三厂全面恢复生产，到1954年逐渐恢复生产。1950—1966年，辽宁相继产出中国第一批钴催化剂、中国第一滴合成石油、中国第一块合成顺丁橡胶。1955年，大连炼油厂（东北石油七厂）生产出变压器油、车用机油等36种润滑油产品，产量达到3.8万吨。

1.2.2 加工大庆原油

伴随大庆油田开发，1960年锦州石油六厂改建，试炼大庆原油。同年抚顺石油一厂加工大庆原油取得成功，1961年加工大庆原油量达21.6万吨。抚顺石油一、二、三厂改为以大庆石油为原料，成为中国的主要炼油厂。1966年，锦西石化试炼大庆原油，建成中国第一套尿素脱蜡装置和中国第一套催化裂化装置，接近当时世界先进的工业技术水平。

1.2.3 炼油技术攻关——五朵金花

1962年10月，石油工业部在北京香山召开炼油科研工作会议，确立了催化重整、延迟焦化、硫化催化裂化、尿素脱蜡及催化剂技术五大攻关方向，即“五朵金花”。抚顺石油二厂、抚顺石油三厂、锦西石化、锦州石化在炼油技术领域相继取得突破。这些技术的突破，标志着我国炼油工业从依赖外援转向自主创新，为后续发展奠定了坚实的基础。

1.3 辽宁石化产业全面发展（1970—1999年）

1.3.1 建设大庆输油管道

1970年，大庆油田年产原油超2 000万吨，铁路运输难以满足需求。同年8月，东北管道建设领导小组成立，筹备石油管道建设。1970—1975年，东北地区建成8条输油管道总长2 471千米，以铁岭站为枢纽，连接大庆至秦皇岛、大连、抚顺等3条主干线。其中，大庆至抚顺管道年输油能力

2 000万吨，是中国首条大口径、长距离输送“三高”原油的管道。

1.3.2 全套引进国外技术和设备发展石化纤维

1983年，辽阳石化引进德国、法国、意大利的技术，年产涤纶和锦纶7.6万吨，为解决中国穿衣难问题作出重要贡献。1998年，辽阳制定了从“大化纤”向“大芳烃”转型的战略。2009年，辽阳石化开始建设千万吨级基地加工俄罗斯原油，发展芳烃特色产品，逐步实现从“大化纤”向“大芳烃”的转型。

1.3.3 开发辽河原油资源

1970年，我国正式勘探开发辽河油田。辽河油田主要是稠油，到1986年，原油产量突破1 000万吨，是中国第三大油田。经过“六五”期间技术攻关，获得了稠油热采技术，具备大规模的开采能力，“七五”期间攻克了高凝油开采技术，1989年底稠油产量达467.08万吨，造就了辽河石化我国第一大沥青生产基地、抚顺石化我国第一大石蜡生产基地。

1.4 辽宁石化产业发展（2000年至今）

1.4.1 产业结构与布局持续优化

多年来，辽宁以“减油增化、集群发展”为主线，推动石化产业结构与布局系统性优化升级，成效显著。辽东湾新区宝来利安德巴塞尔乙烯项目，带动下游18个精细化工项目落地。营口仙人岛能源化工区引进总投资320亿元的聚酯新材料产业园，与辽阳芳烃及精细化工产业化基地形成“油头-化身-高化尾”全链衔接。通过“关停低效产能、延伸化工链条、重构空间载体”的系统性改革，辽宁正从“燃料型”石化大省向“材料型”强省跨越，为东北振兴注入产业升级新动能。

1.4.2 产业链较完整，各地差异化发展显著

辽宁已建成国内最完整的石化产业链条，覆盖“炼油-基础化工-精细化工-新材料”全环节。各区域差异化发展特征显著。大连市聚焦炼化一体化与化工新材料，丙烯产能突破500万吨。抚顺石化加氢裂化催化剂国内市场占有率达32%。辽阳延伸芳烃产业链，精对苯二甲酸（PTA）产能达430万吨，位居东北首位。盘锦重点发展高端聚烯烃，营口仙人岛化工区PETG项目实现进口替代。

1.4.3 研发投入与技术创新能力显著增强

辽宁石化产业研发投入强度逐渐加大，由2020年占营收0.91%增长到2023年1.72%。在高端材料部分领域获得技术突破，超高分子量聚乙烯工业化生产获得突破，茂金属聚乙烯和聚丙烯催化剂的研发取得进展。甲醇制烯烃技术实现商业化应用，带动煤基烯烃成本下降15%。

1.4.4 绿色低碳发展和智能化转型稳步推进

全省石化行业大力推进绿色工艺改造，绿色低碳转型加速，大连石化、辽阳石化率先开展低碳技术试点，积极采用绿电制氢、碳捕集等先进技术。盘锦辽东湾建设“无废园区”，固废综合利用率达85%。近年来以“数字辽宁、智造强省”为目标，辽宁加速推进石化行业智能化转型，全省石化产业在智能制造、工业互联网、5G应用等领域取得显著进展。

2
辽宁石油化工行业发展战略

2.1 全球石油化工行业发展概述

2.1.1 全球石油行业发展概述

全球石油勘探储量持续增长，主要集中在中东、中亚—俄罗斯和北美。2023年全球石油产量每日96万亿桶，需求超100万亿桶，供需基本平衡。中南美洲产量增长11.2%居首位；北美增长6.7%位居第二。独联体和中东产量下降，呈负增长。亚太地区增长0.4%，中国贡献2.1%的增长率。

2.1.2 全球炼油行业发展概述

全球炼油产能稳定小幅增长，2022年全球炼油产能同比增长0.26%，2023年进一步提升至10 349.8万桶/日，增幅2.1%。亚太、北美和西欧分别占全球炼油产能的36.2%、21.2%和14.4%，形成三足鼎立的格局。然而，全球炼油行业面临产能过剩、利用率低、盈利微弱的挑战，欧美市场需求下降，新兴市场增速放缓，旧炼厂重启加剧了产能过剩问题。

2.1.3 全球石化行业发展概述

2022年、2023年，全球石化行业需求低迷，化工产品产量增长率分别仅为1.5%和2.3%。欧盟石化产业萎缩严重，2023年产量减少8%。美国化工行业基本持平，产量减少1%。中国逆势增长，2022年和2023年分别增长6.4%和9.6%，印度和俄罗斯也实现小幅增长。环境治理压力增大，炼化工业面临资源、能源与环境的制约，正从“末端治理”向“生产全过程控制”转变，推动行业“一体化、集聚化、高端化、智能化”发展趋势。

2.2 我国石油化工行业发展概述

2.2.1 我国原油与天然气行业概述

2023年我国能源消费总量57.2亿吨标准煤，其中石油消费占比从18%上升至18.3%，为仅次于煤炭的第二大能源。在2019—2023年5年间，我国原油产量持续微弱上升，由1.92亿吨上升到2.09亿吨；天然气产量有大幅增长，增长幅度为32.5%。

2.2.2 我国炼油行业概述

2023年国内原油加工量持续增加，全年加工量为7.35亿吨，2022年加工量为6.76亿吨。四大石油央企等主营单位原油加工量占全国原油加工量的66.2%，其他经营主体占比为33.8%。2023年新增炼油产能为2017年至今的最低量。从分布来看，炼油行业主要集中在东部沿海地区和新疆。2023年全国原油加工量总计7.35亿吨，其中山东、辽宁、广东、浙江、江苏、福建、河北7个省的加工量为49 766.2万吨，占全国加工量的67.71%。

2.2.3 我国石油化学品行业概述

至2023年3月底，我国精细化工行业规模以上企业数量为26 000家左右，其中年产值超过10亿元的企业约有300家。2018—2020年我国精细化工行业工业总产值增速缓慢，低于1%，2021年增速陡然上升至22.77%，2023年我国精细化工行业实现营业收入3.9万亿元。全球精细化工产品需求量呈上升趋势，必然带动国内精细化工产品需求量的增长，促进国内精细化工行业发展，行业未来发展空间较大。

2.3 辽宁石油化工行业发展现状

石油化工行业是辽宁战略支柱行业，石化工业增加值占全省规上工业增加值的比重常年为30%，位于各行业首位。辽宁石化产业销售收入主要依靠石油加工业。2022年，按营收计算，石油和天然气开采业占比为3.3%，石油加工业占比为60.9%，化学工业占比为35.8%。2019—2022年，石化产业居各行业税收排名的首位，是全省税收收入的重要支撑。

2.4 辽宁石油化工行业发展优劣势分析

2.4.1 优势分析

（1）产业布局优势

辽宁石化产业布局有三个层次的优势。国务院《石化产业规划布局方案》确定大连长兴岛为国家重点建设七大石化产业基地之一。省级石化产业基地辽东湾新区获批国家级园区循环化改造试点园区，在全国千亿级超大型园区之列。市级石化产业基地众多，多数城市布局了石化园区，如抚顺高新技术产业开发区化工及精细化工园区等。

（2）产业基础优势

辽宁油气自然资源丰富，辽河油田原油年开采能力在1 000万吨以上，天然气年开采能力在5亿~7亿立方米。石化产业生产能力雄厚，生产规模在全国居于前列，拥有明显的产业规模经济优势。

（3）产业政策优势

辽宁沿海经济带战略实施后，包括辽东湾新区、大连长兴岛等在内的重点区域均享受优惠政策。辽宁省政府已出台一大批支持石化产业发展的省级政策，各市也纷纷出台相关扶持政策。

（4）产业技术优势

辽宁石化产业科技研发基础雄厚，大连理工大学、中国科学院大连化学物理研究所（以下简称“大连化物所”）等科研机构在石化领域取得丰硕成果，如大连化物所甲醇制烯烃技术获国家科技进步奖，大连理工大学高性能碳纤维复合材料技术获国家技术发明一等奖。沈阳化工研究院设有国家农药和染料工程技术中心，辽宁石油化工大学与地方合作成立多个研发中心，推动产业技术发展。

（5）产业区位优势

辽宁是东北对外开放前沿，交通便利、储运方便、市场辐射力强。东北85%的海运货物和90%的外贸货物通过辽宁港口进出。辽宁拥有东北最密集的港口群和1 000千米宜港海岸线。大连港2023年货物吞吐量约为3.1亿吨，位列全国第16位。营口港内贸集装箱吞吐量占东北市场份额的70%左右。

2.4.2 劣势分析

（1）产业结构性矛盾突出

辽宁石化产业传统产能过剩与高端供给不足并存。2023年，辽宁化工新材料产值占比仅为32.5%，低于浙江、广东。高端产品依赖进口，2024年上半年ABS树脂、聚碳酸酯进口依存度超55%。产业链延伸不足，乙烯产业链下游衍生率仅为2.5%，显著低于浙江和台湾地区。

（2）化工园区同质化竞争，跨区域协作不足

辽宁石化产业面临同质化竞争加剧和区域协同不足的问题。全省化工园区以炼化基础原料为主，烯烃、芳烃等产能占比为76.3%。大连、盘锦、锦州等地芳烃产能布局重复，资源浪费严重。同时，区域协同机制滞后，产业链上下游协作不紧密。

（3）高端与复合型人才短缺

辽宁石化产业高端研发人才流失、复合型技术与管理人才供给不足，直接制约产业向高端化、智能化、绿色化转型。尤其在催化材料、高分子合成等关键领域，高端人才缺乏。复合型人才缺口也较大，数字化与绿色化领域复合型人才需求缺口达2.8万人。

（4）技术创新与研发能力不足，产业链安全风险加大

辽宁石化产业近年来面临技术创新能力不足、研发投入偏低、产业链关键环节对外依存度高等突出问题，叠加全球供应链波动与国内产业升级压力，产业链安全风险持续加剧。

2.5 辽宁石油化工行业发展总体思路

辽宁石油化工行业发展必须从全球行业发展趋势、国家行业发展战略的高度，确定未来发展蓝图。辽宁石油化工行业发展总体思路是认真贯彻落实国家能源发展规划，稳步提高原油加工量、加快扩大乙烯产量、加强油气管网建设、延长石油化工产业链、提高石油化工原材料在辽利用率、提升精细化工产品附加价值，促进石化及精细化工产业实现从油气加工、有机化工、高分子聚合物、化工新材料到精细化工的全产业链发展，打造世界级石油化工区块链，推进国家高端新型原材料基地建设。

2.6 辽宁石油化工行业发展建议

2.6.1 打造“辽东湾片区+大连长兴岛片区”世界级石化产业基地

辽东湾新区是辽宁沿海经济带的中心节点，其石化及精细化工产业园区规划面积41.27平方千米，拥有30万吨级原油码头。2023年，新区原油加工能力达3 500万吨/年，乙烯450万吨/年，芳烃140万吨/年，接近世界级石化产业基地规模。省委、省政府积极向国家申请并获批将辽东湾新区纳入国家级石化产业基地，进一步推动与大连长兴岛片区双片区联动，形成了“辽东湾片区+大连长兴岛片区”的国家级石化产业基地。

2.6.2 延长石化产业链，提高对全省地区生产总值的贡献率

我省石化产业链仍存在短板，很多化工原料未做到在省内深加工，作为原料直接销往南方省份，未形成对我省经济的贡献率，还有较大发展空间，需要延长产业链，提高对本省地区生产总值的贡献率。延长原料产业链应着重在剩余商品量上下功夫，一方面激励现有石化企业做深加工，另一方面大力开展产业链招商，吸引省外资本来省内投资建厂，延长产业链，实现油头化身向油头化尾转变。

2.6.3 增设石油化工类博士点，全层次培养石化科技人才

从外省引进石油石化行业高端科技人才难度较大，亟须建立省内石油与天然气工程、化学工程与工艺等博士层面高端人才培养平台，实现自主培养石化科技高端人才。针对省内石油化工类博士数量严重不足，无法满足石化

行业发展的实际，建议辽宁增设石油化工类博士点，增加应用型高端人才培养数量。增设应用型博士点应以石油石化特色为依托，紧紧依靠高校培养应用型博士。

2.6.4 增加科技投入，依靠创新实现发展动能转换

围绕产业链部署创新链，围绕创新链完善资金链，加大对化工新材料战略性新兴产业的投入，充分发挥省财政对创新科技投入的引导作用。应把对化工新材料的研究列入各类计划项目直接予以支持；省自然科学基金项目向化工新材料倾斜，对关键共性技术实行技术攻关；加大省财政对化工新材料相关专利专项资金的投入。

2.6.5 提高省内石化装备在石化行业的配套比例

我省作为装备制造业大省，石油化工装备省内配套只有25%，发达省份是40%，如果能补齐15个百分点的差额，初步测算可增加产值3 000亿元，对全省地区生产总值的贡献率非常可观。建议全省出台奖励政策，激励石化企业使用省内石油化工装备，不断提高省内石化装备配套率。

2.6.6 建设省内石油储备库，提高原油保障能力

我省原油对外依存度超过80%，其中对进口原油依存度超过70%，国际原油价格及政治经济形势变化对我省原油进口将会产生很大影响。建议省委、省政府组织各方力量，在合适地点建设足够的省内石油储备库，提高原油保障能力，确保全省能源安全供给。

3

加快石化产业升级换代，提升发展新动能

“以培育壮大新动能为重点，激发创新驱动内生动力”是新时代东北全面振兴的任务之一。辽宁需要加快以石油化工为主的重化工产业升级换代，提升发展新动能，推动辽宁全面振兴。

2024年，全省石化行业实现营业收入9 444.7亿元，占全省地区生产总值的30.0%，全省原油加工量8 049.4万吨，乙烯产量396.5万吨，PTA产量1 795万吨，初级形态塑料产量638.3万吨，处于全国前列。

近年来，全省重化工行业的快速发展也伴生了产业结构不均衡、产品结构不合理、专业人才不匹配、资金投入不充分、行业安全存在隐患等问题。

3.1 辽宁石化产业存在的主要问题

辽宁是石化大省，但不是石化强省，辽宁石化产业主要存在以下八个方面的问题。

3.1.1 炼化一体化水平低，精细化工产业链条短

2023年，全省化学工业主营业务收入仅占全省石化产业的26.8%（山东为60%，江苏和浙江均为80%）。这几年我省采取了一定措施不断加快化工产业发展，但“油头大化身小”的局面没有得到根本转变。

我省现有大型炼化企业14家，其中炼化一体化企业5家，仅占35.7%，炼化一体化水平较低。

我省精细化工产业链条短，许多化工原料无法在省内深加工，不得不销往省外。中石油东北化工销售公司年化工商品量约360万吨，省内销售30%，70%销往省外，如果这些化工原料在省内深加工，年产值可增加300亿元以上。

3.1.2 成品油和化工产品中低端过剩，高端不足

2023年，全省汽油产量1 766.9万吨、柴油产量2 223.1万吨，汽柴油产量严重过剩，绝大部分需要销往外省。全省化工产品，存在产品结构不合理、中低端产品过剩、高端产品严重不足的问题。国内高端/高性能聚烯烃自给率不足40%。全省聚乙烯和聚丙烯通用料占比超过80%，专用料占比不足20%，而国内先进企业的专用料比例超过60%。

3.1.3 技能型人才供给过剩，高端人才供给不足

随着炼油厂由“燃料型”向“化工型”转变，化工厂由“低中端”向“高端”转型，急需面向生产一线的应用型石化专业博士高端人才。我省石化类高校只有学士和硕士学位授予权，没有应用型石化工程博士点，培养的技能型人才供给过剩，而高端人才供给短缺，这成为我省石化行业发展的瓶颈。

3.1.4 资金投入不足，关键技术依赖进口

我省石化行业规上企业平均研发投入仅占主营业务收入的1%，发达国家占5%。辽宁向阳科化集团和辽宁鼎际得石化股份有限公司生产的聚烯烃催化剂只能生产中低端通用型聚烯烃树脂，生产高端产品依赖进口催化剂。全省拥有大连理工大学、大连化物所等高校和研究院所，研发能力较强，但限于体制、机制、观念等因素，科技成果省内转化率不高。

3.1.5 原油对外依存度高，化工园区智慧管理落后

我省原油对外依存度超过80%，原油供给存在较高的风险。全省化工园区存在上下游产业链条短、安全环保监管不到位等问题。在中国化工园区

30强榜单中，江苏有9个，浙江和山东各有5个，而辽宁只有盘锦辽东湾新区石化及精细化工产业园区1个。

3.1.6 规上企业数量少，沟通机制不畅通，市场活跃度不高

一是规上石化企业数量较少，2022年辽宁1 248家，山东3 917家，江苏5 867家；二是石化产业营业收入较低，辽宁不足1万亿元，山东2.3万亿元，江苏1.7万亿元；三是化学工业增加值在石化产业中占比低，辽宁29.4%，山东60%，江苏80%；四是中央企业活力不足，辽宁众多大型石化企业为央企，在产品开发、销售经营等方面自主权很小，与各级政府部门沟通渠道单一，缺乏活力；五是多数民营企业体力不足，石油化工下游产品适于中小企业，但辽宁多数民营经济不活跃。

3.1.7 中石油炼化企业产品多数销往外省，招商引资存在障碍

中石油在辽宁有7个炼化企业，产品产量远远高于省内消费需求，为抢占南方市场，中石油补贴运费，实行南方与辽宁原料产地同价政策。有时南方价格还低于辽宁价格，导致资源招商步履维艰。辽阳石化芳烃基地引进了国内知名的温州民营化工企业华峰集团，以辽阳石化生产的苯为原料，工厂已全部建成。但产品需要运往南方销售，而辽阳石化原料苯的价格与江浙地区相同，每吨却需要增加500元以上的运输成本，因此工厂建成后一直未投产。

3.1.8 “双碳”目标下，石化产业面临新的挑战

自2020年9月22日首次提出碳达峰碳中和目标以来，习近平总书记在多次讲话中提出要如期实现。以煤炭为主的化石能源利用是CO_2的重要来源，“双碳”目标下，石化产业发展面临前所未有的挑战。

辽宁是我国重要的工业基地，2019年全省能源生产与加工转换业CO_2排放量为1.81亿吨，工业和建筑业CO_2排放量为2.13亿吨，分别占总排放量的36.02%和42.42%。“双碳”目标下，辽宁面临着“减排”、“振兴”与“发展”的难题，特别是碳达峰碳中和的“双碳”目标，对石化行业发展提出了更高的要求。倒逼石化企业必须主动采取应对措施，积极调整产业结构和产品结构，大力开展科技攻关，着力突破生产瓶颈，逐步实现绿色低碳清洁生产。

3.2 加快培育发展新动能，探索高质量发展新路径

针对全省石化行业面临的问题，亟须树立创新驱动的新发展理念，以问题为导向，以加快重化工产业升级换代和培育发展新动能为突破口，积极探索出一条区域布局最优化、产业结构均衡化、产品结构高端化、生产技术领先化、专业人才匹配化、投资主体多元化、安全生产本质化高质量发展的新路子，推动我省从石化大省发展为石化强省。

3.2.1 坚持以全产业链为纽带、全力打造世界级石油化工产业基地的总体发展思路

坚持从实际出发，稳步提高原油加工量、加快扩大乙烯产量、加强油气管网建设、延长石油化工产业链、提高石油化工原材料在辽利用率、提升精细化工产品附加值。坚持以市场为导向、以企业为主体、以产业链为纽带，促进石化及精细化工产业实现从石油炼制、石油化工、化工新材料到精细化工的全产业链发展，实现做大炼油、做强化工、做精化尾，打造世界级石油化工产业基地，推进国家高端新型原材料基地建设，拉动世界高端智能装备

制造基地建设。

3.2.2 坚持优化世界级、国家级石化产业基地空间布局

我省坚持宜油则油、宜芳则芳、宜烯则烯的原则，精准定位、差别化发展，建立了大连、盘锦、辽阳和抚顺四个石化产业园区。根据区域、资源等发展要素不同，优化世界级、国家级石化产业基地空间布局，使石化产业基地成为我省经济发展的新动能。

大连长兴岛是国家七大石化产业基地之一，2023年大连长兴岛（西中岛）石化产业基地石化产值实现2 357亿元，列全国化工园区第三位，其中，恒力集团在长兴岛的炼化一体化项目炼油产能为2 000万吨。盘锦辽东湾新区是我国北方环渤海经济带的重要组成部分，随着华锦阿美项目的落地，预计2025年将新增炼化产能1 500万吨、乙烯160余万吨。“辽东湾片区+大连长兴岛片区”作为国家级石化产业基地，位列世界级石化产业基地之列指日可待。

抚顺高新区化工及精细化工产业园区是国家级精细化工产业化基地，拥有原油加工能力1 000万吨/年、乙烯100万吨/年，努力打造世界级油母页岩炼油基地。

辽阳芳烃及精细化工产业化基地是沈阳经济区城际连接带重点建设的主导产业园区之一，是“国家新型工业化示范基地”和“国家级产业化基地”。要在2018年1 000万吨/年俄罗斯原油加工优化增产增效取得显著效果的基础上，新建100万吨/年乙烯、扩建100万吨/年PX，实现炼化一体化发展。同时要大力扶持民营石化企业发展，生产多晶硅切割液、医药中间体等精细化工产品，努力打造一流石化产业基地。

3.2.3 坚持炼化一体化、精细化、高端化、产业链延伸化

炼化一体化，是炼油行业发展的一个重要方向。需引导省内炼油企业大力提升创新能力，突破化工发展的技术瓶颈，努力实现炼化收率的最优化，多生产化工原料，加快实现化工产业链的合理延伸和高端化、差异化发展。

化工精细化，是化工发展的一个重要方向。精细化工产品是多个工业部门广泛应用的辅助材料和人民生活直接消费品，比如涂料、油墨和日用化学品等。全省应采取激励政策，引导化工企业向精细化工发展，鼓励社会资本投资建厂，开拓精细化工产品市场。

大力生产高附加值的化工新材料高端产品。在合成树脂方面，发展工程塑料、改性塑料、聚烯烃树脂专用料。在合成纤维方面，发展碳纤维、芳纶纤维。在合成橡胶方面，发展丁腈橡胶和硅橡胶。在氟材料方面，发展氟树脂和氟橡胶。要鼓励石化企业依靠科技创新，解决“卡脖子”的关键技术难题，提高聚烯烃催化剂质量，逐步替代进口催化剂。

延长石化产业链条，实现原料资源的深度开发与高效利用，形成我省经济高质量发展的增长点。一方面激励现有石化企业开展深加工，延长产业链；另一方面大力开展产业链招商，实现油头化身向油头化尾转变。丙烯是重要的化工原料，延长丙烯产业链，可以生产聚丙烯、乙丙橡胶、环氧丙烷等高附加值产品。

3.2.4 坚持科技供给侧结构性改革，激发科技活力

石油化工业是技术密集型的高科技产业，需要高端科技人才。目前省内石化专业博士数量很少，无法满足发展需求。从长远看，根本的解决办法是增设省属石化高校应用型石化专业博士点，加强石油与天然气工程、化学工程与工艺等实用型博士高端人才的培养。

石油化工业也是资金密集型产业，衍生的化工新材料是战略性新兴产业。全省自然科学基金项目要适当向化工新材料倾斜，省财政也要加大对化工新材料相关专利专项资金的投入，加大对创新型企业的扶持力度，鼓励企业与科研院所针对共性技术瓶颈联合开展技术攻关，打破国外技术壁垒，形成自主知识产权和实现科技成果省内转化。

辽宁的石化产业基础雄厚，智能制造发展空间广阔。沈鼓集团为中石油抚顺石化公司百万吨乙烯制造了乙烯制冷压缩机，替代了进口设备。我省作为装备制造大省，石化装备省内配套只有25%，而发达省份是40%，若能补齐不足，预计增加产值3 000亿元。全省需出台奖励政策，激励石化企业使用省内石油化工装备，提高省内石化装备配套率。

3.2.5 加快石油储备库和化工园区智慧管理建设

辽宁省原油对外依存度超过80%，国际原油价格及政治经济形势变化对我省原油进口将会产生很大影响。全省要组织各方力量，在适宜地点建设石油储备库，提高原油安全保障能力。

化工园区管理智慧化是未来的方向和必由之路。智慧化工园区是指化工园区信息化、智能化，通过物联网、云计算、大数据、人工智能等新一代信息技术，实现园区基础设施优化、运行管理精细化、安全环保智能化。目前，国内许多化工园区在安全方面已经开始应用信息化手段，实现了园区的智慧安监、智能应急响应和本质安全。我省也要制定激励政策，推动化工园区智慧化安全管理，确保实现化工园区本质安全。

3.2.6 坚持混合所有制改革，吸引民营石化企业参股央企

国家深化改革，放开央企石油化工开发专属权，允许民营企业在央企入股实行混合所有制，调动了民企参与国企生产经营的积极性。全省需抓住机

遇，大力开展招商引资，制定土地、税费等各种优惠政策，吸引实力强的民营石化企业来省投资，参与央企混合所有制改革试点。

3.2.7 坚持统筹协调，多措并举，为石油化工行业发展提供保障

加强我省石油化工行业发展的顶层设计。省相关部门需总体规划，制定政策，统筹管理，协调联动，加强对全省31个化工园区的管理，充分发挥产业链集聚效应。需加快发展生产性服务业集群，实现生产性服务业与石油化工产业融合发展。

建立校企联合研发中心和石化产业发展研究院。省相关部门需为石化企业与石化高校联合创设研发中心创造便利条件，支持行业发展关键性技术的研发。全省依托辽宁石油化工大学，联合相关高校、科研院所、石化骨干企业等成立辽宁省石化产业技术创新研究院，充分发挥智库作用，瞄准世界前沿，根据国家能源政策，结合辽宁实际，组织石化专家，制定辽宁石化产业发展长期规划，每年撰写石化行业发展分析报告白皮书，为省政府决策提供咨询，促进石化行业有序扩张和良性竞争。

积极吸引社会资本建立多元化投资体系。省相关部门需搭建融资平台，多渠道降低石化企业融资成本。持续优化营商环境，切实落实我省关于支持民营经济发展的若干政策措施，激发民企活力，推进我省重化工产业升级换代和高质量发展。

4

优化产业布局，建设世界级石化产业基地

4.1 世界级石化产业基地基本情况

4.1.1 六大世界级石化产业基地情况

（1）美国休斯敦墨西哥湾石化产业基地情况

美国休斯敦墨西哥湾石化产业基地是世界最大的石化产业聚集区，是美国能源和石化工业的中心。休斯敦石化产业基地建立在自身庞大的石油储备资源的基础之上。2020年，休斯敦及周边地区的炼油产能占据全美炼油产能的30%、乙烯占70%、人造橡胶占50%以上、基本石油化学品占60%。炼油产能达到25 000万吨/年，建成乙烯生产装置30余套，生产能力2 655万吨/年，PX产能700万吨/年。

水运方面，休斯敦距离墨西哥湾80多千米，1914年修建了直通墨西哥湾的休斯敦港口，是美国最重要的石油运输通道。根据新华·波罗的海国际航运中心发展指数排名，2020年，凭借航运经纪服务、航运工程服务、航运经营服务和航运金融服务等方面的优势，休斯敦港口全球排名第12位。除此之外，休斯敦的铁路和高速公路系统也较发达。

园区内共有600多家石油勘探和生产公司，1 100多家油田服务公司。全美100家最大的能源公司中，有28家将总部设在休斯敦。美国30家最大的能源公司中，有29家在休斯敦设总部或分公司。

休斯敦石化产业基地不仅是石油产地中心，还是技术服务中心、技术研发中心。园区上游能源业务与下游能源业务的比例之和不足50%，多元化业务比例超过50%。休斯敦石油石化企业通过向发展中国家提供技术和资金获得股份，在世界各地设立分支机构，从而利用东道国的原料优势和劳动力成本优势，实现跨国经营。

园区企业共享水路、铁路、高速公路和公用事业设施等社会资源和基础设施。尤为重要的是，工业园区内化工和塑料生产企业在生产中所需的大量原料，均可通过园区铺设的180多条管线互相传输，形成园区企业之间特有的产品流。

（2）新加坡裕廊岛石化产业基地情况

新加坡裕廊岛是新加坡石化产业的支柱，由7个小岛组成，通过填海造地而成。当前，新加坡裕廊岛有100多家全球领先石油、石化和特种化工公司。裕廊岛石化产业基地炼油产能7 000万吨/年，乙烯产能560万吨/年，PX产能120万吨/年。

裕廊岛岛内各大石化企业自建码头和海上泊位50多个，岸壁可停泊12万吨级船只，海上能停靠35万吨级船只。根据新华·波罗的海国际航运中心发展指数排名，新加坡港口从2014年至2020年始终排名全球第一。周边有新加坡至马来西亚的铁路和公路干线。岛上建有100多千米的现代化公路网，有两架公路桥梁连通新加坡本岛。

裕廊岛建成了完善的即插即用的配套基础设施体系。区内设有裕廊西拉雅发电厂，发电量占全国一半以上。新加坡西南部最大的河流——裕廊河——横贯区内，可以提供工业用水。新加坡拥有完善的海底输油管道和储油设施，规划建设了从邻近产油国输入的3条石油天然气管线，可源源不断地将原料输送到裕廊岛。

裕廊岛专业仓储运营商主要包括孚宝 、欧德油储、兴隆石油贸易公司和地平线终端公司。地平线终端拥有规模为6 000~45 000立方米的储罐59座。裕廊岛地下建有储油库，可存储147万立方米的液态碳氢化合物。

（3）荷兰鹿特丹石化产业基地情况

荷兰鹿特丹石化产业基地是世界三大炼油基地之一，占地60多平方千米。鹿特丹港是欧洲油气管道运输网的枢纽，形成了一条绵延50千米的沿河石化工业带，聚集了120多家石化企业，炼油产能5 800万吨/年，乙烯产能683万吨/年，PX产能55万吨/年。

依据2020年新华·波罗的海国际航运中心发展指数排名，鹿特丹港口排名第6位。原油、油制品和液体化工产品占到鹿特丹港所有货运量的一半，分布在港口和产业区的5家炼油厂是主要的发货和收货方。鹿特丹港口有50余家船务公司，其各类班轮可以连接欧洲150个港口，覆盖大部分欧洲地区。

管道运输方面，鹿特丹石化产业基地拥有超过1 500千米的管道网络相互连接，通过这一网络，散装液体可以快速地运到比利时、德国和荷兰的目的地，且安全、环保。陆运方面，鹿特丹港建成了连接鹿特丹和德国贝图威两地的货物专用铁路。

鹿特丹石化产业基地有4家世界级炼油厂、40多家石油化工公司、3家工业天然气生产商和13家主要储罐储存和配送公司。该基地还有20多家跨国化工企业，海湾石油等世界跨国石油垄断公司都在鹿特丹设有炼油基地，主要生产合成橡胶、化纤以及日用精细化工产品等。

（4）韩国蔚山石化产业基地情况

1962年，韩国在蔚山建立工业园区，其炼油工业最早起源于大韩石油公司（现为SK公司）于1964年在蔚山建立的首座炼油厂，当时该厂的加工能力仅为160万吨/年。韩国蔚山石化工业区拥有韩国32%的炼油产能和19%的乙烯产能，炼油产能为6 300万吨/年，乙烯产能为340万吨/年，PX产能为180万吨/年。

在海运方面，蔚山石化产业基地有一支大型的商用化学品油轮商队，故其大型船舶的滞期费风险较低，拥有亚洲最大的独立液体储罐散装码头，使韩国成为全球化学品销售第五大国，也是航运枢纽。在陆运方面，蔚山石化产业基地内有发达的铁路、公路系统。

蔚山石化产业基地形成了以SK公司为龙头企业、20多家韩国和外资企业进行下游加工生产的格局。目前，SK公司位于蔚山的炼厂产能为4 200万吨/年，位居全球第三；乙烯产能主要是SK Innovation的86万吨/年。

蔚山石化产业基地石油储备能力为2 300万桶，2019年开始兴建蔚山地下战略原油储备设施，其液体石化产品储存能力将在2026年进一步提升。蔚山石化产业基地内部各公司集资5.2亿美元，用于提高能效、废物处理、工业共生方面的改造，这些投资已创造5.54亿美元节约效果。政府投资1 480万美元，推动节能建设，碳排放下降66.5万吨/年，废水回收利用了7.9万吨，节能28万吨当量石油/年。

（5）比利时安特卫普石化产业基地情况

比利时安特卫普石化园是欧洲第一大石油化工生产基地，世界第二大化工生产基地。比利时安特卫普港总面积140平方千米，化工区面积为35平方千米。园区拥有每年1 900万吨的化学产品产能、4 000万吨的炼油产能、250万吨的乙烯产能、56万吨的PX产能。

安特卫普是完美的化学品转运中心，可直接服务于北美、南美和西非的1 300个港口，是欧洲市场的首选地点。2020年有2 920万吨石油产品、2 800万吨化学品由油轮驳船从安特卫普港运出。除了海运，内河航运、公路和铁路的大量连接保证了港口与欧洲主要石油化工中心之间的相互连通。管道运输方面，全球化学品、化肥、塑料及金属品领先生产商之一的沙特基础工业公司也与安特卫普化工区通过管道相连成为一体。安特卫普拥有57条不同的产品运输管道和1 000千米港内管道。

各化工企业在生产上的合作，使得能源、原料、废水处理服务等均实现了低成本和高效率运转。园区内设有完备的基础设施，企业之间有长期稳定的合作关系。11家仓储运营商可为石化企业提供16个储存端口，以及720万立方米的液体产品的储备能力，可以存储0.69亿吨液体产品，石化衍生品占存储能力的71.8%，化学品占20.2%，原油占7.2%，其他产品占0.8%。

（6）日本千叶石化产业基地情况

日本千叶石化产业基地石油产量占日本石油总产量的1/3，炼油产能2 923万吨/年，乙烯产能150万吨/年，PX产能260万吨/年，其乙烯产能占日本总产能的60%。

千叶港最大水深达18米，港区水域面积2 480平方米，其中有6个泊位可停靠10万~23.5万吨级船舶。海岸线长达76千米，是第二次世界大战后日本最大的工业港口，货物吞吐量常居日本前两位，港口年吞吐量在1.5亿吨以上。千叶港货物吞吐量的94%是由企业专业码头完成的。在300多个泊位中，工业专用泊位占93%。

千叶石化产业园区内石化企业形成了“集团化伙伴关系”的观念，企业共用VLCC船（载重20万~30万吨之间）海港，共用海底原油输送管道，共用陆上石化产品输送管廊，形成了“10小时内完成从原油到树脂的生产”。园区内具有大、中、普通型储罐2 000多个，可用于石化危险品存储。

4.1.2 六大世界级石化产业基地发展经验

（1）石化产业在海湾港口布局

石化产业基地因需要完善的港口设施配套多布局于海湾地区，港口是世界级石化产业基地不可或缺的重要资源，目前已经建成投产的六大世界级石化产业基地主要分布在墨西哥湾、鹿特丹、裕廊岛等地区。各基地均利用良好的天然港口优势，依靠主要的消费区或资源地，交通运输便利，配套设施完善，关联产业发达。

休斯敦位于美国南部墨西哥湾，墨西哥湾是世界第六大港口，交通运输极为便利，美国30%的炼油产能、70%的乙烯产能都集中在墨西哥湾沿岸地区，全美逾60%的基础石化工业活动和全美能源公司200强中的45家皆在休斯敦附近的墨西哥湾地区。

鹿特丹是荷兰第二大城市。鹿特丹港被誉为欧洲门户，是欧洲第一大港口，BP、ESSO、海湾石油等跨国公司均在鹿特丹港建设炼油基地，SHELL的荷兰总部就位于鹿特丹。

裕廊岛位于马六甲海峡的出入口，是世界三大港口之一，交通便利，是往来欧亚的中途驿站。裕廊岛聚集着世界一流的石化企业和储罐企业，拥有100多家全球领先的石油、石化和特种化学品公司，使新加坡成为世界第三大炼油中心和全球十大石化中心之一。

（2）炼油化工大型规模化

世界级石化产业基地，一个重要的衡量标准就是要拥有世界级的规模体量。按照业界普遍共识，世界级石化产业基地的规模一般是炼油产能4 000万吨/年以上、乙烯产能200万吨/年以上。六大世界级石化产业基地规模具体情况见表4-1。

表4-1　**六大世界级石化产业基地产能规模**　单位：万吨/年

序号	基地名称	炼油产能	乙烯产能	PX产能
1	美国休斯敦墨西哥湾石化产业基地	25 000	2 655	700
2	新加坡裕廊岛石化产业基地	7 000	560	120
3	荷兰鹿特丹石化产业基地	5 800	683	55
4	韩国蔚山石化产业基地	6 300	340	180
5	比利时安特卫普石化产业基地	4 000	250	56
6	日本千叶石化产业基地	2 923	150	260

资料来源：据相关网站查询得到.

（3）炼油化工一体化

炼化集中度的提升是未来行业所趋。全球炼油总产能明显过剩，乙烯、丙烯、芳烃等基础有机化工原料产能不足，化工产品尤其是高端化工产品需求逐年增长，世界级石化产业基地发展均从生产成品油和大宗石化原料向多产高附加值油品和优质石化原料转型。

美国墨西哥湾是世界上最大的炼化生产基地之一，炼油总产能2.5亿吨/年，占美国炼油总产能的30%。鹿特丹石化产业基地现已形成从原油炼制到化工新材料、专用化学品的完整产业链，烯烃产业链、芳烃产业链、聚氨酯产业链、聚酯产业链以及氯产业链优势突出，集聚了全球化领域具有世界影响力的企业。

（4）产业链上下游一体化

世界级石化工业发展趋势是大型化、炼化一体化，产业集中度越来越高。六大世界级石化产业基地的石化产业链都较长，且环环相扣。根据市场需求，每个基地都有突出特色，真正做到炼油产品和石化产品后加工、精细化工同步发展，实现了上下游一体化，产生了集聚规模效应，达到了高质量发展水平。美国墨西哥湾地区、韩国沿海港口地区等，都通过集中投资、一体化经营最大程度地共享原料供应，降低石油和石化产品的生产成本，提高了企业在高油价时代的竞争力。

美国休斯敦墨西哥湾石化产业基地，一是通过技术创新带动石化产业上游环节，包括石油勘探、开采、炼化产业等原油石油产业链，提升整体效率，提高产品附加值；二是向下延伸价值链，大力发展基本化工原料、有机化工原料，以及精细化工、化工新材料等石化产业中下游环节。

荷兰鹿特丹石化产业基地的石油化工产业增加值占比达65%。鹿特丹临港工业区在上游集聚了壳牌、道达尔等世界级大型炼油厂；在下游化学品领域有朗盛、阿科玛等化工企业，产品覆盖无机化学品、有机中间体、聚合物等，形成了从原油炼制到化工新材料、专用化学品的完整产业链。

2010年，新加坡又启动了裕廊岛2.0版计划，重点聚焦于能源、物流与交通、原料选择、环境和水这五个领域，计划探索综合创新解决方案以进一步优化稀缺资源，驱动石化产业向高附加值产品发展。新加坡裕廊岛石化产业基地通过集中投资，已经形成了化学簇群、上下游产业一体化的发展模式。

（5）公用工程一体化

世界级石化产业基地在建设和生产运行上普遍采用了全方位一体化理念，重视循环经济发展原则，实行公用工程一体化，基地内不同企业间生产装置相邻互联，上下游产品互供，管道相连输送，生产规模匹配，减少了中间环节，公用工程和辅助设施集中建设、统一供应服务，使资源得到充分的优化配置和合理利用，从而增强了抗风险能力，降低了运营成本，提高了收益。

美国休斯敦墨西哥湾石化产业基地园区面积约31平方千米，园区企业主要分布在休斯敦航道（美国墨西哥湾地区主要的输油航线）附近。园区企业共享水路、铁路、高速公路和公用事业设施（化工产业及其他）等社会资源和基础设施；尤为重要的是，工业园内部的化工和塑料生产企业在生产中所需的大量原料，均可通过园区铺设的管线互相传输，形成园区企业之间特有的产品流。

新加坡裕廊岛石化产业基地整合优化资源，建设共享的公用工程，实行一体化服务。裕廊岛拥有世界级的基础设施——“即插即用”基础设施，该设施是一套整合一站式的基础设施，包括服务走廊、物流和仓储、第三方公用事业和服务。裕廊岛建有环岛管廊，管廊大部分与裕廊岛的公路相连，为需要运输化工原料和产品的公司提供租赁服务，各种原料和公共资源可以通过管廊输送到各公司，从而降低企业的运输、存储、管道建设的成本，发挥产品的协同效应。

比利时安特卫普石化产业基地园区面积35平方千米，化工区内的企业归属不同的投资者，但能形成“一体化”模式，即生产装置互联、上下游产品互供、管道互通、投资相互渗透，从而使资源得到充分利用。在化工区内，生产企业与其他相关企业之间的紧密联系和交流，不仅促进资源共享和技术协同，还为化工区企业提供了具有竞争性的服务价格和合理的公用工程，从而有效降低了企业的运营成本，提高整体产业竞争力。此外，企业之间依靠规范的运作机制达成长期稳定的协作关系。这样做不仅有利于企业稳定地扩展自己的经营优势，减少竞争对手，降低科研经费投入风险，且更有利于分散投资风险。

（6）原油和产品市场两头在外

“两头在外”是世界级石化产业基地的基本特征之一。原料进口，基地生产，销售出口，把生产经营的原材料和销售市场两头放到国际市场上去，确立国际市场发展目标。这样可以解决沿海地区与内地争原料、争市场的尖锐矛盾。韩国蔚山石化产业基地原油和产品市场“两头在外”的情况非常典型。

由于国内资源不足，韩国约98%的化石燃料消耗依赖进口，韩国的石油消耗位居全球前十位，其原油基本全部依赖进口。虽然韩国原料匮乏，也不具有庞大的消费市场，但韩国却发展成为当今世界的石化强国，其中出口导向型战略是一个重要原因，石化产品的出口是韩国经济增长主要因素之一。目前全球10家最大的炼油厂中，有3家位于韩国，使韩国成为亚洲最大的石油产品出口国之一。

（7）优惠政策

为支持石化产业基地的发展，各国都给予政策倾斜，为基地发展吸纳资金，促进产业升级，提升经济发展质量。

为了获得最大的协同效应，比利时安特卫普港持续扩大石化集群，并极力寻求新的投资项目。为进一步推动安特卫普石化产业基地的集群效应，当地政府建立了投资和许可框架并积极地给予行政支持。除了有利的税收环境外，还有补贴和与税收有关的激励政策。除了在投资方面给予的支持外，政府还制定了许可政策，帮助投资者作出正确决策，并能快速、准确地执行。

荷兰以自由贸易为立国之本，虽从未专门规划特定区域作为自由贸易区，但一直采取开放、包容、友好的贸易投资政策。依托贸易便利化措施、引资优惠政策、金融开放政策吸引贸易投资。鹿特丹作为重要的国际贸易中心和工业基地，在港区内实行“比自由港还自由”的政策，是一个典型的港城一体化的国际城市。

新加坡整体是个高度开放的国家。对石化产业来说，化学品没有进口关税，且政府同意外资企业对当地工厂拥有100%的所有权，并返还全部利润，这对投资者来说也具有莫大的吸引力。工业区重视入区企业的研发创新能力，由新加坡政府主导，建立了多个产业研发机构，通过企业、科研机构、高校三者相互合作，产学研相结合，增强自主创新能力，使工业区紧跟世界产业发展趋势。基地扩大为企业服务的内容和范围，建立多层次信息平台，努力优化投资创业环境。经过几十年的建设和发展，裕廊岛已逐渐建成世界级专业化工园区，形成了一个由跨国公司主导本地企业参与的完整的石化产业集群。

4.2 建设辽宁世界级石化产业基地的对策

2020年是“十四五”规划的开局之年，“十四五”期间全国石化产业面临着疫情常态化、市场竞争加剧、安全环保严峻等复杂形势，下面就发挥石化“原字好”优势，优化产业布局，延长产业链条，建设辽宁世界级石化产业基地提出如下九个方面的策略建议。

4.2.1 优化产业布局，建设世界级石化产业基地

（1）优化产业布局，打造“一带、两翼、五基地、多园区”的特色石化产业布局

一带是指大连、营口和盘锦石化产业带；两翼是指辽阳和抚顺为一翼，锦州和葫芦岛为一翼；五基地是指大连长兴岛（西中岛）石化产业基地、盘锦辽东湾石化产业基地、辽阳石化产业基地、抚顺石化产业基地、锦州葫芦

岛石化产业基地；多园区是指在五基地中的化工产业园区。

（2）建设世界级石化产业基地示范区

截至2023年，大连长兴岛炼油产能达2 000万吨/年，乙烯产能150万吨/年，PX产能450万吨/年。建议统筹推进“辽东湾片区+大连长兴岛片区”国家级石化产业基地建设，在“十四五”时期，将基地着力打造成为世界级石化产业基地示范区。

未来大连市石化产业发展将重点依托恒力石化2 000万吨/年的炼化一体化项目，为行业发展提供丰富的基础原材料，重点向下延伸化工新材料产业链、芳烃产业链等。其中，芳烃产业链方面，重点向下发展聚酯、工业丝等，进而带动纺织面料产业发展；烯烃产业链方面，将在合成树脂、合成橡胶、合成纤维三大合成材料方面形成产业优势，带动下游应用产业发展。到2025年，大连市化工产值达到5 000亿元，力争石化产业跻身国内市域经济前三；到2035年，成品油收率低于33%，化工新材料和高端化学品比重达30%，大连市化工产值达8 000亿元，实现绿色、低碳、高端、可持续和安全发展，成为世界级石油化工产业基地。

在产业布局方面，长兴岛与西中岛各有侧重。长兴岛片区以发展芳烃为主、烯烃为辅，下一步产业链发展方向上，实施芳烃、烯烃延链、强链工程。一是依托现有芳烃原料，加快实施240万吨/年聚酯等项目，延链发展聚酯民用丝和工业丝；二是支持恒力石化对乙二醇等烯烃装置拓展改造，招商发展精细化工、合成橡胶及工程塑料等。

西中岛片区以发展烯烃为主、芳烃为辅。一是构建油头烯烃产业集群。依托中石油大连石化预期建设的2 000万吨炼油产能，2024年年底推进前期准备工作，深度延伸发展乙烯、丙烯等烯烃下游产业链。二是打造多元化轻质原料气头烯烃产业集群。发挥西中岛港口优势条件，与具有原料供应和海运优势的央企合作。同时，结合碳达峰碳中和政策要求，依托大连理工大学碳捕获技术，与国际国内专业化公司合作，加快研究探索中国首个百万吨级二氧化碳捕获封存和综合利用示范项目建设，积极打造“碳中和”绿色化工产业链。

（3）打造国内一流石化产业基地示范区

辽阳芳烃及精细化工产业化基地是“国家新型工业化示范基地”和“国家芳烃及精细化工高新技术产业化基地”。抚顺高新区化工及精细化工园区是国家级精细化工产业化基地。通过“十四五”期间创新发展，把辽阳芳烃及精细化工产业化基地和抚顺高新区化工及精细化工园区打造成国内一流石化产业基地示范区。

4.2.2 实施供给侧结构调整，实现绿色高质量发展

（1）推进炼化一体化

目前我省炼油装置整体开工率为73%（发达国家为85%），成品油严重过剩。“十四五”期间全国石化产业面临市场竞争日趋激烈、安全环保更加严格等复杂形势，要积极引导省内炼油企业大力提升创新能力，加快炼油厂由“燃料型”向“化工材料型”转变，推进炼化一体化。一是淘汰落后炼油产能，使500万吨以下炼油企业退出。二是优化炼化产能结构，推进中石油大连石化2 000万吨搬迁及系列减油增化项目、兵器华锦1 500万吨原料工程及深加工项目。三是畅通成品油销售渠道，建立全省统一成品油销售平台，营造公平的市场环境。引进战略投资者，重组存在问题的大型炼油企业，推进行业规范健康发展。四是完善基础设施建设，利用辽河油田采空区建设100亿立方米、工作气量52亿立方米以上的储气库群。

（2）推进精细化工发展，大力增产高附加值精细化学品

我国高端精细化学品严重短缺，未来五年集成电路、平板显示器和新能源电池等领域的电子化学品需求将迅速增长。“十四五”期间全国石化产业面临市场竞争激烈、绿色环保更加严格等复杂形势，建议出台激励政策，引

导化工企业向精细化工发展，研发生产催化剂、环保型水处理剂、医药中间体、高端润滑油等高技术含量、高附加值精细化工产品，拓展和占领精细化工产品市场。

（3）推进产业转型升级，大力发展化工新材料，不断延长产业链条

强化应用引领，延伸产业链条。围绕我省先进制造业和战略性新兴产业的应用，延伸中下游石化产业链条，促进化工产品精深加工，推动我省石化产业高质量发展。化工新材料市场需求年均增速为10%，国内供应短缺，依靠大量进口。我国化工新材料的35%依赖进口。建议全省大力发展高端聚烯烃、工程塑料等化工新材料，不断延长产业链条，引进加工企业，形成产业链完整的产业集群，实现油头化身向油头化尾转变，提高石化行业对全省地区生产总值的贡献率。

（4）推进多元化原料发展

建议适时推进沿海地区实施建设进口烯烃裂解制乙烯、丙烷脱氢制丙烯、进口甲醇制烯烃等项目，实现原料多元化发展。建议积极推动石化工业与其他行业协同发展，实现与焦化、菱镁、氢能等产业资源互补、统筹配套。

4.2.3 推进科技供给侧结构性改革，大力开展科技攻关和人才培育

（1）开展科技攻关，突破“卡脖子”的关键技术

建议全省自然科学基金项目向化工新材料领域倾斜，省财政加大对化工新材料专项资金的投入，鼓励企业与科研院所联合开展技术攻关，形成自主知识产权和实现科技成果省内转化。辽宁石化产业基础雄厚，智能制造发展空间广阔，但作为装备制造业大省，石化装备省内配套只有25%，若能补齐短板，预计增加产值3 000亿元。建议全省围绕关键核心技术，实行“揭榜挂帅”等制度，集中优势科研力量开展联合攻关，出台奖励政策，激励石化

企业使用省内石油化工装备，提高省内石化装备配套率。

（2）培育高端科技人才

“十四五”即将收官，这五年里我们集中力量攻克了众多共性和关键性的“卡脖子”技术，背后正是大批高端人才的全力投入与不断突破。鉴于目前省内石化工程专业博士数量很少，无法满足发展需求，建议积极向教育部申请，增设辽宁石化工程专业工程博士点，加强石油与天然气工程、化学工程与技术等实用型博士高端人才的培养，满足建设石化强省的人才需求。

（3）打造科技创新高地和人才高地

建议建设国家级综合性科学中心，构建洁净能源技术创新体系。在人才与产业的关系定位上，要变“产业在哪儿人才到哪儿”的传统思维为“人才在哪儿产业到哪儿”的现代思维，通过洁净能源创新研究院、智能制造研究中心建设，推动先进光源大科学装置落地，把辽宁建设成为东北亚石化产业创新人才集聚高地。推进“带土移植”引才方式，创新“候鸟型”柔性引才机制，支持企业设立“人才飞地”研发机构，培养一批“辽宁工匠”。同时，探索科技、金融及资本结合新模式，引入知识产权运营服务平台，形成完整的科技金融服务体系。以高端人才集聚资本、集聚产业，努力把辽宁打造成“双碳”目标下创新型能源石化产业的策源地、集聚地。

（4）培育一批高科技企业

引导企业走高科技发展道路，实施梯度培育计划，建议重点支持本地科技骨干企业，提高优势产品技术水平和产业规模，着力培育打造单项冠军企业。

4.2.4 保障供应链产业链稳定，加快智能工厂和智慧化工园区建设

（1）加快油气储备库建设，保障油气供应链稳定

我省原油对外依存度超过80%。建议结合省情，在营口仙人岛建设30

万吨级原油码头，300万立方米商业原油储备库。建议完善基础设施建设，建设营口港—盘锦、锦州港—盘锦的原油管道，降低企业原油运输成本。

（2）加快数字化转型，推进智能化工厂建设

大力推进5G、工业互联网、人工智能、大数据等新一代信息技术与石化企业的融合发展，推动重点企业智能制造示范工程、智能工厂建设。建议引导石化企业融合工业物联网技术，积极推进智能化业务发展，对接5G技术支持，用5G赋能。激励石化企业加速布局数字化，加快建设智能工厂，增强抵御市场风险的能力，提高企业核心竞争力。

（3）加快智慧化工园区建设，实现安全稳定生产

智慧化工园区是指化工园区信息化、智能化，通过物联网、云计算、大数据、人工智能等新一代信息技术，实现园区运行管理精细化和安全环保智能化。建议我省规范园区建设：一是推进园区认定工作。按照国家对化工园区的新规范、新要求，对全省化工园区开展评估认定工作，进一步明确园区发展定位，完善园区配套设施，全面提升园区规范化建设和管理水平。二是加快推进智慧园区建设，推进化工园区建立统一的智能化信息管理平台，提升园区综合管控水平。三是加快推进城镇人口密集区危化品生产企业搬迁改造进度。

4.2.5 采取保障措施，大力推进石化行业高质量发展

（1）加强顶层设计，实现统筹发展

一是建议全省提高对抓好石化产业的重视程度，安排领导干部主抓石化产业，成立专班，建立完善的组织机构。二是建议建立省领导与中石油高层领导间的会商机制，支持辽宁全面振兴，推动中石油在辽宁炼油企业实现炼化一体化发展等。三是建议中石油集团设专人协调在辽中石油企业发展。四是建议中石油在辽宁成立子公司，辽宁省政府也可以参股，使辽宁税收最大

化。五是“十四五”即将收官，建议省相关部门抓住最后窗口期，全面检视并确保石化行业规划各项目标任务如期完成，大力引导产业链在33个化工园区集聚，同时，建议加快发展生产性服务业产业集群，实现生产性服务业与石油化工产业融合发展。

（2）围绕“双碳”目标，推进绿色发展

围绕碳达峰碳中和的“双碳”目标，一是建议全省坚持石化主导产业地位，发挥辽宁炼油基础优势，抓住数字化工跨越发展的机遇，加强数字化工标准建设，延长化工产品产业链，并通过搭建全省石化供应链云商务平台，依托数字化平台来调度数字工厂资源，提高对化工品和下游产业的支撑能力，实现石化制造系统跨层人机融合的智能决策，提升石化企业的经济效益。二是建议发挥大连市沿海进出口优势，建设大型甲醇、LNG储备基地，建设相关期货和交割平台，发挥石化与C1化工耦合优势，促进石化低碳化发展。相比于煤炭、石油等传统能源，以天然气为原料构建天然气化工产业链，碳排放强度低，促进区域清洁绿色发展。三是建议对石化、钢铁等碳减排行业的产业布局和产业链延伸方向进行规划，促进能源化工与钢铁行业融合发展。四是建议对全省石化行业节能空间进行系统调研分析，通过淘汰化解产能、装置节能技术改造等措施，降低综合能耗。重点推进抚顺石化、辽阳石化等石化企业实施节能技术改造项目，通过余热锅炉改造、加热炉能效提升、低温热综合利用以及凝结水回收等技术措施，降低反应过程能耗水平。

（3）健全产学研新型研发机构，推动协同创新发展

完善创新体系，提升产业竞争力。完善以企业为主体、市场为导向、政产学研金服用相结合的产业技术创新体系，加强知识产权保护，实施质量品牌和标准提升工程。发挥省化工学会等业界平台作用，建立产学研联盟，实现石化产业互补式、错位式、协同式发展。建议省相关部门从人才、资金和政策等方面全力支持辽宁石化产业技术创新研究院建设，以市场为导向，联

合相关高校、科研院所和石化骨干企业开展协同创新技术攻关，研究制定我省石化产业发展方向和政策，指导全省石化产业高质量发展。

（4）吸引社会资本，建立多元化投资体系

建议省相关部门积极开展招商引资工作，搭建融资平台，多渠道降低融资成本，建立石化产业多元化投资体系，吸引社会资本投入石化产业建设。

（5）深化开放交流，加强国际合作

聚焦强链补链延链，加强与大型跨国化工企业的合作，提升国际合作的水平和层次。积极引导民营企业，开展俄油气项目合作。近年来，中俄能源贸易已进入产业链合作模式。在上游油气勘探开发方面，建议我省制定政策引导民营企业赴俄罗斯参与油气勘探开发，争取获得油气资源。在天然气方面，建议引导我省民营企业积极参与俄LNG（液化天然气）建设项目，到2035年，俄罗斯LNG产能将达到1.2亿至1.4亿吨。中俄正在规划西线天然气管道工程，建议我省及早筹划，引导民营企业积极参与管道建设。

（6）推动产业间协同耦合发展

建议规划氯碱产业与海绵钛、海绵锆产业链的耦合，资源化利用氯气，形成竞争优势。推动钢铁、化工、菱镁产业链间的耦合发展，推动副产氢、氮、二氧化碳等资源化利用，降低单位增加值碳排放强度和能耗，实现环境效益与经济效益统一。

4.2.6 支持民营炼化企业发展，助力企业做大做强

我省现有大连恒力石化等五家民营炼油企业，原油加工能力合计5 000万吨，产业和利税贡献率举足轻重。这些民营企业没有原油进口配额，没有外贸进出口资格，不得不购买外省炼油厂原油配额指标，既增加成本又存在违规风险。建议省政府协调国家有关部委给予我省民营炼化企业原油进口配额及成品油出口资格等政策支持，助力民营石化企业做大做强，提高对全省

地区生产总值的贡献率，千方百计帮助企业改善外部环境，为企业发展提供制度和政策保障。

4.2.7 发展新能源及天然气化工产业，实现绿色低碳发展

传统的化石燃料能源在能源结构中的占比将逐年下降，而太阳能、风能、氢能等新能源在能源结构中的占比将逐步增加。建议全省加快布局新能源产业，大力发展氢能、核能等新能源，建设加氢站，不断提高新能源在全省能源结构中的占比，以保障能源安全和保护环境。与此同时，建议全省布局天然气化工产业。以天然气为原料的乙烯装置生产能力约占世界乙烯生产能力的32%，其乙烯收率比以石脑油等轻质石油馏分为原料的收率约高一倍。随着天然气产量的增加和乙烷、丙烷收率的提高，天然气化工具有广阔的发展前景。

4.2.8 深化混合所有制改革，鼓励民营石化企业参股央企

国家放开央企石油化工开发专属权，允许民营企业在央企入股实行混合所有制，极大地调动了民营企业参与国有石化企业生产经营的积极性。建议我省抓住机遇，引进省外有实力的民营石化企业来我省投资，积极促成民营石化企业和辽宁省内中石油石化公司开展混合所有制试点，把我省石化企业做大做强做优，助推我省世界级石化生产基地建设。建议省政府以适当方式参股央企，实行央地共建合资企业，为地方经济增加更多税收。

4.2.9 实施五大重点工程，助推世界级石化产业基地建设

（1）重大项目建设服务工程

建立省重大石化项目库，对投资20亿元以上的项目加强服务，对投资50亿元以上的重大项目实行省直部门专员全程跟踪服务制，全力推动重大

项目落地。

（2）龙头骨干企业培育工程

构建省-市-园区联动、分级培育的工作联动机制，将龙头企业培育成世界级企业；培育特色骨干企业，建设国家级、省级中小型企业创新创业示范基地。

（3）产业链延伸强化工程

大力发展中下游高端产品，依托我省石化基地，延伸石化产业链；实施精准招商，大力引进石化产业链下游企业。

（4）产业竞争力提升工程

培育技术中心、制造业创新中心、工程（技术）研究中心、重点实验室等重大创新平台，建设一批重点化工新材料中试中心、科技企业孵化器。实施质量品牌和标准化建设提升工程。

（5）智慧化工推广工程

规范化工园区发展，引导并组织新建化工企业全部进园区；建设绿色安全体系，推进绿色制造体系建设，支持创建绿色示范工厂、绿色示范园区；推广智能化改造。在此基础上，为保障完成重点任务、落实重点工程，落实加强统筹协调、营造良好发展氛围、加强石化产业人才培养、充分发挥行业组织作用等保障措施，发展绿色石化产业集群。

5
优化辽宁石化产业链总体布局

5.1 辽宁石化产业链总体布局现状

5.1.1 石化产业空间总体布局现状

在辽宁14个地级市中，有9个城市布局了石化产业，其中沿海城市5个、内陆城市4个。辽宁石化产业空间总体布局现状，分为“5+4”空间总体布局、沿海布局和内陆布局。

（1）石化产业“5+4”空间总体布局

辽宁石化产业空间总体布局是“5+4”的格局，即5个沿海城市，包括大连市、营口市、盘锦市、锦州市和葫芦岛市；4个内陆城市，包括鞍山市、辽阳市、沈阳市和抚顺市。

从国内来看，辽宁是石化大省。2022年，辽宁原油加工量9 696.7万吨，占全国的13.20%，位列全国第二；汽油产量1 575.82万吨；柴油产量2 625.9万吨；成品油产量4 617.3万吨，占全国的12.33%；汽油、柴油、成品油产量均位列全国第二。乙烯产量389.2万吨，位列全国第三；PX产量680.1万吨，位列全国第一。2018—2023年全省主要石化产品产量见表5-1。

表5-1　　2018—2023年全省主要石化产品产量情况

产品名称	单位	2018年	2019年	2020年	2021年	2022年	2023年
原油	万吨	1 036.9	1 053.3	1 049.4	1 054.2	984.1	982.0
天然气	亿立方米	5.7	6.2	7.3	7.9	8.4	8.3
化学纤维	万吨	20.5	23.7	18.8	23.4	10.1	16.22
#合成纤维	万吨	20.5	23.7	18.8	23.4	10.1	—

续表

产品名称	单位	2018年	2019年	2020年	2021年	2022年	2023年
化学药品原药	万吨	4.4	7.4	6.9	7.1	7.2	—
农用氮、磷、钾化肥	万吨	33.1	38.2	35.6	37.1	31.0	38.1
#氮肥	万吨	33.1	36.8	34.0	33.9	27.8	—
化学农药原药	万吨	0.9	1.3	1.5	2.9	3.6	3.8
乙烯	万吨	176.2	187.0	355.7	440.1	399.5	389.2
合成橡胶	万吨	8.1	10.8	13.6	11.0	12.4	—
橡胶轮胎外胎	万条	2 760.6	2 896.8	2 893.1	3 078.0	3 021.6	—
原煤	万吨	3 375.9	3 292.0	3 091.5	3 087.7	3 158.1	2 861.5
汽油	万吨	1 592.8	1 789.1	1 766.9	2 091.8	1 667.8	1 575.8
柴油	万吨	2 177.4	2 146.8	2 223.1	2 468.3	2 772.9	2 625.9
合成氨	万吨	47.0	50.1	41.3	42.1	38.3	—

2022年，全省规上工业企业实现营业收入37 188.82亿元，其中石化行业实现主营业务收入11 546.50亿元，占全省规上工业企业营业收入的31.05%；全省规上工业企业实现利润总额1 639.2亿元，其中石化产业实现利润345.00亿元，占全省规上工业企业利润总额的21.05%；石化产业上缴税金874.60亿元，上缴税金连续多年位居全省首位。2018—2022年全省石化行业主要经济指标见表5-2。

表5-2　**2018—2022年全省石化行业主要经济指标**　金额单位：亿元

指标	2018年	2019年	2020年	2021年	2022年
1.主营业务收入	7 567.50	9 716.80	8 059.38	9 719.73	11 546.50
子行业：石油与天然气	305.90	300.00	206.90	295.60	381.64
石油加工	5 134.70	7 165.10	5 863.19	6 709.58	7 031.79
化学工业	2 126.80	2 251.70	1 989.29	2 714.55	4 133.07

续表

指标	2018年	2019年	2020年	2021年	2022年
2.利润总额	277.60	249.10	138.92	311.36	345.00
子行业：石油与天然气	7.60	4.10	−56.58	9.90	42.42
石油加工	201.10	156.60	103.27	199.21	177.83
化学工业	68.90	88.40	92.23	102.25	124.75
3.税金	694.60	686.50	441.91	855.50	874.60
子行业：石油与天然气	43.80	35.80	13.11	18.77	50.41
石油加工	615.20	618.70	420.15	827.54	801.44
化学工业	35.60	32.00	8.65	9.19	22.75
4.工业增加值增长率（%）	0.151	0.119			
5.规上企业数量（家）	964	1 100	1 115	1 195	1 248
子行业：石油与天然气	1	2	1	1	1
石油加工	132	125	121	130	123
化学工业	831	973	993	1 064	1 124

（2）石化产业沿海布局

全省布局石化产业的大连、营口、盘锦、锦州和葫芦岛5个沿海城市，石化产业均具有一定的规模。在原油加工能力方面，大连市5 050万吨/年、盘锦市2 800万吨/年、锦州市800万吨/年、葫芦岛市650万吨/年，唯独营口市没有炼油企业，沿海城市合计原油加工能力达9 300万吨/年，占全省原油加工能力的83%。石化产业在沿海布局中主要集中在大连市和盘锦市，这两市的原油加工能力为7 850万吨/年，占省内沿海城市合计原油加工能力的84%，由此可见，“辽东湾+复州湾+大连湾”具有雄厚的炼化能力。

（3）石化产业内陆布局

辽宁石化产业内陆布局分别在辽阳、抚顺、鞍山、沈阳4个城市。原油加工能力方面，辽阳市1 000万吨/年，抚顺市1 150万吨/年。鞍山市以煤化工、煤焦油副产品深加工、精细有机新材料为主，沈阳市以橡塑产业、生物医药、石化制品及其相关化工新材料深加工为主。

5.1.2 石化产业链总体布局现状

在辽宁石化产业“5+4”空间整体布局中，受区位和历史等因素影响，石化产业链总体布局是不平衡的，大体上分为全产业链布局、半产业链布局和其他产业链布局三种格局。全产业链布局包括大连市和盘锦市，半产业链布局包括辽阳市、抚顺市、沈阳市、锦州市和葫芦岛市，其他产业链布局包括营口市和鞍山市。

（1）全产业链布局现状

目前，大连市、盘锦市的石化产业链齐全，基本形成了全产业链布局。大连恒力石化2 000万吨/年炼化一体化项目，建成了全球规模最大的150万吨乙烯、660万吨PTA、180万吨乙二醇、97万吨纯苯等装置。利用充足的石化资源，大力发展精细化工和化工新材料产业，最终将每吨原油70%的成分变成高端石化产品，形成了从“一滴石油”到“一匹布”一体化发展的全产业链。

盘锦市以产业为先、以项目为王，依托辽东湾新区石化及精细化工产业园区、盘锦精细化工产业开发区和辽宁北方新材料产业园区，目前已聚集了包括兵器华锦等一批国内外行业龙头企业在内的300多家石化企业，盘锦市石化产业实现了从油气加工、有机化工到高附加值聚合物、化工新材料和精细化工的全产业链发展。

（2）半产业链布局现状

辽阳芳烃及精细化工产业化基地。辽阳芳烃及精细化工产业化基地为国家新型工业化基地和国家高新技术产业化基地，基地按产业侧重划分为三个园区：石油化工区、化工新材料区和精细化工区。中石油辽阳石化公司现有炼油等主要生产线，炼化主体生产装置58套，辅助生产装置38套。其中，炼油部分拥有加工俄罗斯原油的全加氢炼厂，原油加工能力达到1 000万吨/年，芳烃及衍生物生产能力位居全国前列。烯烃部分以20万吨/年乙烯裂解装置为核心，可年产4万吨聚乙烯、20万吨环氧乙烷。自主研发的PETG共聚酯通过FDA、ROHS、GB4806检测认证，成为国内第一、世界第三生产商；精己二酸可完全替代进口高端产品。基地初步形成涵盖合成纤维、化工新材料和精细化工的产业集群。

抚顺国家级精细化工产业化基地。抚顺国家级精细化工产业化基地基本形成了原油加工、化工深加工及精细化工为一体的石油化工产业集群，特别是在碳五碳九综合利用深加工和化工助剂等方面具有较大规模和行业特色，基本形成了石油化工上下游半产业链结构。

沈阳化工园区。沈阳市的石化产业链主要以橡塑和高端专用化学品生产为主导产业，在生物医药、橡胶制品、新型材料等产业具有一定的优势和规模。2019年，沈阳化工园区化学药品制剂产值为76.32亿元，园区内位列第一；石油制品制造产值68.7亿元，基因工程药物和疫苗制造产值36.7亿元，分别位列园区第三和第四。从这些数据看，沈阳在石化产业的下游生物医药、橡塑产业具有较好的基础，但在石化产业的上游较薄弱。

锦州化工园区。锦州化工园区为市县级园区，主要是依托中国石油锦州石化公司。中国石油锦州石化公司原油加工能力为800万吨/年，锦州的石化产业链主要处于上游，在针状焦、合成顺丁橡胶等方面具有一定的基础和特色。在精细化工产品方面种类单一，2024年产值为28.6亿元。总体上看，锦州的石化产业主要以燃料为主，产业链不够健全。

葫芦岛化工园区。葫芦岛市目前有3个化工产业园区，另外还有2家央企，分别是中国石油锦西石化公司和中海石油葫芦岛精细化工有限责任公司。葫芦岛市各化工园区，精细化工产品生产规模小，技术水平较低，高精端的企业比例较小，年产值低于1亿元，石化产业链还不完备。

（3）其他产业链布局现状

营口仙人岛能源化工区。营口仙人岛能源化工区毗邻营口港区，是以石油化工产品港口储运为主的大型综合性港区，现已投入使用的30万吨级原油码头和5万吨级成品油码头，为石化产业的发展提供了良好的物流保障。营口仙人岛目前无原油加工能力，以天然气开采、重油加工、聚酯材料生产为主，初步形成以精炼石油产品、聚酯、橡胶和塑料制品等为主的石化产业链，目前尚未引入高端精细化工产业。

鞍山化工园区。鞍山化工园区在有机染料颜料、化工新材料、有机化工原料等产业上有一定基础。鞍山经济开发区化工产业园主要依托鞍钢煤焦油分馏物资源，向下发展煤沥青产业链、洗油产业链等；台安经济开发区化工园区以化工、钢铁深加工、生态造纸三大产业为主导。因此，鞍山具有承接和发展石化产业链的工业基础和地域优势。

5.2 辽宁石化产业链总体布局存在的问题

5.2.1 石化产业空间总体布局存在的问题

全省石化产业“5+4”整体空间布局现状，是由区位和历史原因形成的。随着国际国内石化产业的快速发展，过去看似合理的产业布局，从现在和未来发展的视角看却存在着不合理之处。全省石化产业“5+4”整体空间布局存在的主要问题是，石化产业沿海布局分散、内陆大石化与港口距离远、内陆小石化缺乏竞争力。

（1）石化产业沿海布局分散

辽宁石化产业总体上呈现沿海分布格局，在沿海的5个城市均有石化产业，布局相对分散。沿海城市石化产业规模是非常不平衡的。地处大连湾和复州湾的大连市原油加工能力为5 050万吨/年，地处辽东湾的盘锦市原油加工能力也达到2 800万吨/年，这两个城市石化产业规模远远超过锦州市和葫芦岛市。锦州市原油加工能力仅为800万吨/年，葫芦岛市原油加工能力仅650万吨/年。因此，总体上看，辽宁石化产业主要集中在地处大连湾和复州湾的大连市，以及地处辽东湾的盘锦市。习近平总书记提出了绿水青山就是金山银山的绿色发展理念，辽宁石化产业沿海布局分散，给辽宁区域整个渤海湾的生态环境造成相当大的压力。

（2）内陆大石化与港口距离远

除了沿海分布的石化产业布局，辽宁在内陆地区也有相当的石化产业规模。中国石油抚顺石化公司拥有千万吨炼油、百万吨乙烯的炼化一体化大型石化装置，原油主要来自大庆油田管输。抚顺位于辽宁东部，属于内陆城市。大庆油田已经进入了后开采时代，原油开采成本上升，原油开采数量减少。大庆原油开采量的逐步减少，给抚顺石化公司每年1 150万吨的炼油带来了持续供给上的隐忧。抚顺作为新中国炼油工业的摇篮，现已建成“大炼油-大化工-大园区”的内陆大石化格局，抚顺石化公司与港口距离较远，原油运输不便、成本高，对企业核心竞争力造成一定的影响。

（3）内陆小石化缺乏竞争力

沈阳化工园区原料油加工能力规模小，与省内的大石化大化工相比，石化产业上游加工能力不足，精细化工技术发展水平较低，环境污染比较严重。园区位于内陆不靠海，无论是石化产业规模还是区位交通都缺乏竞争力。另外，沈阳作为辽宁省省会，是全省政治经济文化中心，装备制造、新能源汽车、电子信息等是沈阳市的支柱产业，而石化不是沈阳市的支柱产业，同时又会带来一定的环境污染，因此沈阳市对石化产业的关注度较低，投入也较少。

5.2.2 石化产业链总体布局存在的问题

近年来，辽宁石化产业取得了长足的发展，为辽宁的社会和经济发展作出了巨大贡献。但是石化产业在发展的同时，也存在一定的短板和不足，主要表现为石化产业链条短、石化产品结构不优化、精细化工程度低等。

（1）石化产业链条短

2024年，全省石化产业完成原油加工量8 049.4万吨、乙烯产量396.5万吨，由此衍生出大量的有机原料和树脂、橡胶等合成材料，但是由于全省石化产业链条短，无法做到在省内深加工，绝大部分资源不得不销往外省。仅以中石油东北化工销售公司为例，由于其石化产业链条短，省内许多化工原料外流，对全省地区生产总值的增长产生一定的影响。

（2）石化产品结构不优化

近年来，我省石化产业进行了结构性调整，产品结构得到了进一步优化，但是结构性矛盾依然没有得到根本上的改变。

一是全省燃油产品过剩、化工产品不足的结构性矛盾未能根本改变。中石油锦州石化公司2023年加工原油约580万吨，成品油占原油加工量的比例超过70%。中石油锦西石化公司2023年加工原油约650万吨，成品油占原油加工量的比例超过60%。目前，我国成品油已经面临产能严重过剩的挑战，这将倒逼炼油行业调整产品结构，从燃料型向化工材料型转变，延长产业链，减少成品油产量，增加化工产品产量。

二是全省“低端产品过剩，高端产品短缺”的结构性矛盾未能根本改变。全省聚烯烃化工新材料中，低端通用材料占比超过80%，高端专用材料占比不足20%。而在国内的先进企业中，高端专用材料占比在60%以上，可见我省差距较大。茂金属系列聚烯烃弹性体、改性树脂、工程塑料等高端化工新材料，产量少、质量不稳定，省内招商引资的固特异和米其林等外资轮胎企业需用高端合成橡胶，每年不得不大量进口。

（3）精细化工程度低

近年来，辽宁各化工园区普遍呈现精细化工程度低、企业规模小、产业集中度低、产业链条短、产品结构不优化和产值低的特点。具有自己特色的系列化产品不多，精细化工产业总体竞争力不强。例如，辽宁烷基苯产量占全国的47%，但是烷基苯只部分加工到烷基苯磺酸，产业没有延伸到下游的合成洗涤剂和高端化妆品等日化产品。另外，通过对各市、各园区的精细化工企业的调研，我们发现目前辽宁部分精细化工产业基地存在发展思路、产业产品定位趋同的问题。

5.3 辽宁石化产业链总体布局SWOT分析

5.3.1 优势分析

（1）临海区位的优势

辽宁9个城市拥有石化产业，其中5个城市是沿海城市包括大连、营口、盘锦、锦州和葫芦岛。这5个沿海城市的原油加工量占全省原油加工量的83%，具有明显的沿海区位优势。从世界石化产业炼化一体化、规模化、集约化生产趋势来看，结合美国、日本、韩国、新加坡石化产业发展经验，临海的区位优势成为石化产业发展的关键性基础条件，是产业布局优化的先决条件。

截至2024年年底，辽宁沿海港口石油、天然气及制品的泊位年通过能力约3.9亿吨，石油、天然气及制品吞吐量为2.19亿吨。

大连港现有油品泊位25个，拥有国内规模最大的原油、成品油和液体化工品罐群，东北地区近70%的进口原油在此转运。

营口港有61个泊位，1个30万吨级原油泊位，2023年油品业务吞吐量为1 624.57万吨。

盘锦港建成5万吨级以上泊位25个，在建5万~30万吨级泊位12个，30万吨级码头和25万吨级航道建设正在同步推进。

锦州港有23个生产性泊位，其中5万吨级以上泊位有21个，25万吨级原油泊位1个，原油接卸能力达800万吨/年。

截至2020年7月，辽港集团在营口仙人岛港区、营口鲅鱼圈港区、大连太平湾港区、盘锦港区等港区仍有在建泊位。

（2）优惠政策的优势

辽宁石化产业、石化产业园区发展具有良好的优惠政策优势，政府推出各类优惠政策，使辽宁石化产业发展的政策优势不断扩大。

一是国家发展改革委等八部门联合印发《关于支持“飞地经济”发展的指导意见》（发改地区〔2017〕922号），推动了辽宁石化产业的集聚发展，进一步支持了产业园区高质量发展。

二是辽宁省政府常务会议审议通过了《辽宁省人民政府关于支持“飞地经济”发展的实施意见》（辽政发〔2018〕43号），支持符合条件的各类市级产业园区升级为省级经济开发区，提出在经济开发区推广“飞地经济”模式，鼓励地方政府将本地区企业和项目向经济开发区内聚集，并对招才引智工作给予了优惠政策。

三是各市也针对辽宁石化产业、石化园区发展推出了一系列优惠政策。2019年3月，为贯彻落实中央和辽宁关于推进“飞地经济”发展精神，大连、葫芦岛、锦州、盘锦等市提出了相关的实施意见。

大连市政府出台实施意见，以开展试点示范为抓手，实施跨区域引资、建设、管理和税收分配等合作机制，积极探索“飞地经济”发展新模式；推动西中岛石化产业园区与上海市开展“飞地经济”试点合作，将西中岛石化产业园区作为“飞地经济”试点园区。盘锦市出台了《盘锦市人民政府办公室关于印发辽东湾新区企业投资项目承诺制示范园区实施方案（试行）的通知》（盘政办发〔2017〕59号）文件精神，采用“企业承诺+容缺受理+全程代办”的工作模式。各石化园区也推出了优惠政策。如盘锦辽东湾新区对新引进人才分级分类落实人才优惠政策，对每年在新区开展科研工作不低于6个月的两院院士等高端人才给予获得国家资金支持配套等政策。

（3）融资平台的优势

一是政府搭建项目融资平台，推动企业融资便利化。葫芦岛金融办2018年共筹备项目83个，明确贷款需求124.52亿元，拟申请流动资金8.23亿元。

二是政府引荐金融机构参与石化项目建设。盘锦市政府引荐金融机构参与辽东湾石化园区项目的开发建设，同时在融资担保方面为重点企业提供服务。

三是石化园区举办银企对接，助力石化企业融资。长兴岛经济区管委会举办银企对接会，通过政府搭台、银企互通、金融合作，现场15家金融机构和60家企业全面对接，签约信贷协议105.27亿元。

四是石化园区扩展金融资源。长兴岛经济区与建设银行大连分行达成全面战略合作协议，该行将为长兴岛经济区基础设施区内企业等提供综合金融服务，提供100亿元的信贷支持。同时，长兴岛经济区与大连市科技融资担保有限公司签署战略合作协议，经济区财政每年安排1 000万元融资担保费，建立服务科技企业融资的长效机制，弥补科技创新领域的金融要素短板。

（4）营商环境的优势

辽宁各石化园区积极推动了政务服务便利化。辽东湾新区深化“一网、一门、一次”改革，政务服务大厅实行“一窗受理、集成服务”政策，科学设置“绿色通道”，为区内企业提供预约延时服务。盘锦精细化工产业园区开发区成立审批大厅，为企业提供“一站式”“妈妈式”“一条龙”服务，积极完善“全程代办+容缺审批+企业承诺”制度。盘锦高新区化工园区设立了综合服务窗口和“全程代办”服务窗口。

营口仙人岛经济开发区管委会制定了“优化营商环境点对点企业帮扶”工作制度，全面提升政务服务便利化水平，建设企业满意的服务型园区。抚顺高新区创新体制机制，按照“小管委会+大公司”的管理模式，精简管委会，实行集团化、市场化、公司化方式运作。辽阳芳烃及精细化工产业化基地所在的高新区承接市政府下放的政务服务事项82项，为重点投资项目提供“一对一”代办帮办服务。

5.3.2 劣势分析

（1）临海港口布局分散的劣势

全省沿渤海湾的大连、营口、盘锦、锦州、葫芦岛5个城市均有石化港口，布局分散，有的港口规模较小。锦州港有23个生产性泊位，盘锦港建成5万吨级以上泊位25个，葫芦岛港的泊位吨位也较小，葫芦岛港、锦州港和盘锦港均没有超过30万吨级的泊位，规模较小。营口港有一个30万吨级泊位，大连港有1个45万吨级泊位和3个30万吨级泊位。

随着生活水平的提高，人们对于生态环保的要求逐步提高，“生态优先、绿色发展”成为影响经济发展的关键因素。辽宁有6个沿海城市，除了丹东，其他5个城市均布局了石化产业。石化产业生产、运输环节存在“三废”处置、二氧化碳排放等环境污染问题。2017年颁布了《国家发展改革委 工业和信息化部 关于促进石化产业绿色发展的指导意见》（以下简称《指导意见》）。《指导意见》倡导的产业结构最优化、资源利用高效化、污染治理集中化为石化产业发展提供了指引。

在环渤海湾石化产业布局中，按照生产规模，从原油加工和石化基础原料生产量来看，大连、盘锦石化园区2023年炼油产能达到5 540万吨/年，乙烯产能达到315万吨/年，PX产能达到450万吨/年，可进入全球石化产能前三位。葫芦岛和锦州，石化产业规模和港口规模相对较小。而且，锦州和葫芦岛所处的渤海湾西部有许多沙滩浴场，适合海洋生态旅游。这种海滨石化产业分散式布局，将大部分渤海湾暴露在石化生产污染的危险中，不利于污染治理的集中化，使生产收益低于环境成本，不利于海滨生态保护。

（2）石化产业链条短缺的劣势

由于省内石化产业链较短，石化企业生产的大量化工原料转销省外。例如，大连大孤山化工园区逸盛大化石化有限公司年生产PTA570万吨，其中有555万吨销往省外。2023年中石油东北化工销售公司向省外共销售基础化工原料、合成树脂、合成橡胶、合成纤维等多个品类化工原料289.5万吨，若这些化工原料在省内进行产业链延伸，将增加产值300亿元以上。

（3）高端专业人才短缺的劣势

通过对全省各石化产业园区的调研，就已提供人才结构数据的产业园区来看，石化园区中低端石化专业人才供给充足，但高端石化专业人才供给缺乏，这对技术研发产生一定的影响。以盘锦辽宁北方新材料产业园为例，硕士研究生人数只占0.2%，本科占比10%，专科占比15%，博士人才更是寥寥无几。随着石化行业向“高端化、智能化、精细化”发展，需要一批具有科技研发创新能力的石化专业高端人才，尤其急需石化专业博士高端人才，以提高石化产业研发能力。

（4）智慧园区建设滞后的劣势

2015年，工业和信息化部颁布了《关于促进化工园区规范发展的指导意见》，提出鼓励智慧化工园区建设。智慧化工园区以信息与通信技术为支撑，围绕安全生产、环境管理、应急管理、封闭管理、能源管理、运输管理、公共服务等领域，通过数据整合与信息平台建设，实现化工园区智能化管理与高效运行。

目前，辽宁石化园区已有的园区信息管理主要侧重于安全生产监管、生态环境管理和应急管理。如盘锦辽东湾新区石化及精细化工产业园区构建了安全预警系统。辽阳芳烃及精细化工产业化基地借助的是中国石油天然气股份有限公司辽阳石化分公司辽阳石化管理系统平台，实现生产、技术、设备及安全四大类问题的信息化管理。

2016年至2023年，全国已有32家智慧化工园区试点示范单位，拥有中国七大石化生产基地之一的辽宁只有盘锦辽滨沿海经济技术开发区入榜。

5.3.3 机遇分析

（1）“一带一路”助力石化国际化发展的机遇

“一带一路”贯穿亚欧非大陆，共建国家经济总量约21万亿美元，涵盖44亿人口，沿线集中了俄罗斯、哈萨克斯坦以及伊朗、沙特等重要的油气资源国，为辽宁拓宽石化资源与产品进出口渠道、开展国际产能合作带来了新的机遇。盘锦已被纳入辽宁深度融入共建“一带一路”开放合作新高地综试区的核心引领区，辽东湾新区已被纳入辽宁自贸试验区营口片区协同发展区。随着加速融入“一带一路”进程，辽东湾新区整合优质资源要素，积极融入辽宁沿海经济圈石化产能合作，加快推进宝来-利安德巴塞尔轻烃综合利用二期等重大项目建设，构建和完善从石油炼化到化工新材料及精细化工的全产业链发展格局，参与全球石化行业分工，构建石化产业开放发展新格局。

（2）东北振兴助力石化高质量发展的机遇

国家推进实施新一轮东北振兴战略加快推动东北地区经济发展，随着辽宁开放型经济建设深入推进，为促进生产要素重组、加快区域内企业发展提供难得机遇。随着京津冀一体化战略和振兴东北举措的实施，环渤海经济圈将成为继长三角、粤港澳大湾区之后的又一增长极，借助地理位置优势和便利的交通条件，大连长兴岛（西中岛）石化产业基地内的石化项目将有增长较快的市场占有率和不断扩大的市场辐射区域。辽宁进一步落实全面振兴东北地区等老工业基地举措，支持将盘锦辽东湾、营口仙人岛纳入大连长兴岛石化产业基地拓展区，助力石化产业快速发展。

（3）工业互联网助力石化高效发展的机遇

工业互联网的应用基于传感器等数据采集技术，可实现石化设备全生命周期的实时态势感知、远程故障诊断和预测性维护。炼化生产的工艺优化、质量管控、节能降耗，借助于工业互联网，提高石化园区石化企业安全生产和精细管理的效率，实现石化园区和石化企业高质量高速度发展。

以辽东湾新区独立规划的石化产业园区为例，实施运行智能识别封闭管理系统，达到了对进出石化园区的人、车、物的整体分流管控，特别是对危化品车辆、货物流量流向、企业安全生产、应急处置及可视化等进行全方位的实时监管，消除各类不安全因素，初步形成石化安全物联网。

（4）新基建助力石化高速发展的机遇

新基建主要是指5G基站、城际高速铁路和城际轨道交通、新能源汽车充电桩、大数据中心和人工智能等的建设，新基建的建设必然会带来对新材料、专用化学品和高端精细化学品的需求，这为我省石化产业延长产业链、大力发展化工新材料和精细化工带来了难得的机遇。全省各化工园区应抓住机遇补短板，采取招商引资、鼓励现有企业扩大投资等措施，加快园区化工新材料和精细化工产业布局，以满足新基建快速发展的需要。

5.3.4 挑战分析

（1）贸易摩擦带来市场竞争的挑战

在美国贸易代表办公室（USTR）提供的拟对华增税清单上，有13种无机化学品、95种有机化学品、17类精油和化妆盥洗品等。美国对中国输美3 000亿元产品征税。

关税的增加给我省石化企业出口带来了一定的影响。本应出口的产品无法出口，挤占国内市场，对国内原本就产能过剩的局面无疑是雪上加霜，极易导致恶性竞争和价格战。

（2）新冠疫情带来市场疲软的挑战

新冠疫情导致国内外市场需求下降，对辽宁石化行业供应链中的所有企业带来了挑战。从国内市场看，由于疫情蔓延，市场对汽油、柴油、航煤的需求大幅下降，成品油需求下降对相关石化企业造成很大的影响。从国外市场看，全球受疫情影响需求萎缩，产品出口订单不能按时交付。对于进口的原油，因国内成品油需求下降，炼厂开工率低，到港的原油没有更多罐容可以存放。受疫情影响，市场预期不确定因素较多，企业项目建设积极性不高，投资放缓。

（3）油价波动带来经营风险的挑战

2020年以来国际石油价格剧烈动荡，不断刷新低点，给石化企业带来了经营风险。石化产品价格走势由成本和供需格局共同决定，成本因素将更为显著，表现为石化产品价格与原油价格变动趋势的一致性很高。原油价格变动在石化产品中的影响力会逐级削弱，同时有一定滞后性。通常从原油到一般基础化工品要经过两到三个环节，到精细化工品或末端消费品要经过更长的产业链，原油价格变动的影响向终端化工品传导的过程中，受各环节产品的供需以及交易双方议价能力的影响不断叠加的制约，原油价格变动的最终影响会增加整个石化产业链生产的不确定性，给企业带来经营风险。

（4）环境保护带来成本增加的挑战

联合国已将保护环境、减少污染、降低温室气体排放等列为世界可持续发展的重要目标。习近平总书记强调，要全面推动绿色发展，并明确提出要建立以产业生态化和生态产业化为主体的生态经济体系。产业生态化就是遵循高质量发展原则，大力发展清洁生产和循环经济，加快发展能耗低、排放少、技术含量高的高端战略性产业。

以二氧化碳排放为例，我国二氧化碳排放总量和单位 GDP 排放量已居世界首位，并且我国正处于工业化和城镇化进程中，面临着巨大的碳减排压力。为应对以雾霾为代表的环境危机，我国将开征碳税或环境税，对石化项目的效益和竞争力可能产生一定影响。石化生产过程产生的污染物种类多、毒性高，随着经济的发展和人们环境保护意识的不断加强，市场对其他替代清洁能源需求会不断上升，对汽油、柴油、航煤的需求会不断下降。

国家和各地方政府出台日益严格的环保法规，未来石化生产将面临更高的环保和减排要求，这必将增加石化企业的生产成本，进一步挤压石化产业的生存发展空间。

（5）监管严格带来安全运营的挑战

石化行业的生产具有危险性，一旦生产过程中出现异常高温、高压、设备腐蚀泄漏的情况，会引发严重的火灾或者爆炸事故，造成人员伤亡。这对石化生产提出了更严格的要求，需要更多的安全保障设备以及更多的安全保障专业人员。

辽宁大部分石化产业园区尚未形成统一、有效的安全监管体制，各市设立较多石化产业园区，园区级别较低，安全生产保障不到位。随着国家生态文明建设的不断加快，各级政府对化工园区和石化企业的监管会越来越严格，环保要求也会越来越高，这些都为化工园区石化企业带来了安全运营的挑战。

5.4 辽宁石化产业链总体布局建议

在未来，辽宁石化产业链总体布局应当顺应全国跨区域经济一体化的发展趋势。特别是我国炼化企业近几年迅猛发展，逐步形成了“三圈三带”向海发展的基础炼化格局，环渤海、长三角、珠三角三大区域合计炼油产能超过全国炼油总产能的70%、乙烯产能超过全国的50%、PX产能超过全国的60%。建议我省在规划布局石化产业链时，顺应全国跨区域经济一体化和向海发展的潮流，树立“区域一体化、产业融合化、产品高端化”的发展理念，突破行政区边界的藩篱，探索实现跨城际的产业协同和优势互补，提升全省石化产业整体运行的质量和效益。

根据辽宁石化产业链总体布局的现状和问题，着眼未来全省打造世界级石化产业基地的宏伟目标，在辽宁石化产业链总体布局方面，建议构建两个新格局，即构建全省石化产业“3+3”辽东湾大湾区新格局，构建石化产业全产业链新格局。

5.4.1 建议构建石化产业“3+3”辽东湾大湾区新格局

构建石化产业“3+3”辽东湾大湾区新格局，是指3个沿海城市大连、营口和盘锦，加上3个内陆城市辽阳、鞍山和抚顺，整合6个城市的石化产业，构建辽东湾大湾区石化产业新格局。

构建石化产业“3+3”辽东湾大湾区新格局，符合国际惯例和经验。世界级石化产业基地都是集聚在海湾之中。大型石化产业基地选址在海湾，主要考虑因素：一是优良的港口物流条件，便于原油和化工产品的集散运输；二是在港湾中受海上风浪和台风的影响较小，能有效确保园区的安全；三是水资源丰富。

构建石化产业“3+3”辽东湾大湾区新格局，符合国家石化产业的战略布局。2015年，国家发展改革委对石化产业基地的设立条件提出指导意见，并提出了发展我国七大石化产业基地的规划，大连长兴岛（西中岛）被列为国家七大石化产业基地之一。

构建石化产业“3+3”辽东湾大湾区新格局，符合辽宁实际情况，具有可操作性，并将为辽宁打造世界级石化产业基地创造十分有利的条件。一是可以整合盘锦、营口、大连的资源，实现优势互补。盘锦石化产业丰富，原油加工量2 800万吨/年，基本具备石化全产业链条，但是没有30万吨级泊位的原油接卸码头是一个短板。营口仙人岛能源化工园区，缺少原油炼油厂源头是一个短板，但优势是有30万吨级泊位的原油接卸码头。构建辽东湾大湾区之后，把盘锦和营口连成一体，彼此可以优势互补，实现双赢。再加上大连港的优势，辽东湾大湾区将根据实力和优势，跻身世界级石化产业基地之列。二是可以解决辽宁石化产业沿海布局分散的问题。构建辽东湾大湾区之后，一方面要做大做强大湾区石化产业，石化资源和产业向大湾区集聚，另一方面要严格控制大湾区之外石化产业的增量，存量做精。同时，锦州、葫芦岛两地的石化产业链要适时转移，或者采用“飞地经济”模式在辽东湾大湾区实现产业落地转移，以逐步减轻锦州、葫芦岛两地的石化产业对沿海海域的污染，恢复海域生态系统，大力开展辽西沿海生态旅游。三是把辽阳、鞍山和抚顺3个内陆城市纳入大湾区，确保大湾区石化产业链有足够的延伸空间。“3+3”辽东湾大湾区石化产业集群原油加工能力将提升至9 850万吨/年，可超过新加坡裕廊岛（7 000万吨/年），仅次于美国休斯敦墨西哥湾的原油加工能力，成为世界第二大石化产业基地。

5.4.2 建议构建石化产业全产业链新格局

我省石化产业链规划，应符合全国石化行业总体规划。2021年，我国公布了《石油和化学工业“十四五”发展指南》。《石油和化学工业“十四五”发展指南》提出：未来我国石化行业需求增速放缓，但结构性短缺依然存在，应着力推动产业链结构调整和转型升级。在加快推动炼油产业转型优化升级的同时，结合实际，采取“宜油则油、宜烯则烯、宜芳则芳”的策略，并合理平衡油品、烯烃、芳烃三者之间的关系，提升炼化一体化水平，做到对原油“吃干榨净”；开发高端聚烯烃化工新材料、基于芳烃的高附加值精细化工产品以及其他特种专用精细化学品，提升烯烃、芳烃产业综合竞争力，实现石化产业利益最大化，重点引导下游产业实现高端化、差异化、定制化转变。

依据我国石油石化行业“十四五”发展指南，结合辽宁实际，建议构建我省石化产业全产业链新格局。我省石化产业全产业链新格局是指以乙烯、丙烯、丁二烯、芳烃（苯、甲苯、二甲苯）、碳五和碳九为原料进行深加工，延长产业链，直至生产终端产品的全产业链新格局。

（1）乙烯全产业链

乙烯产业链主要有三条，如图5-1所示。

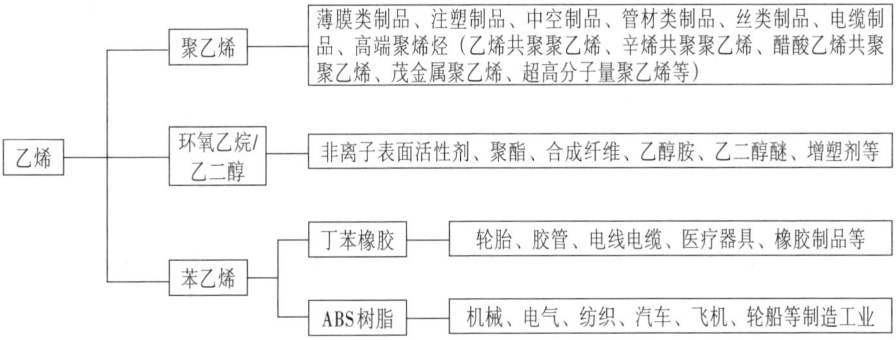

图5-1　乙烯全产业链图

一是用乙烯直接生产聚乙烯，如高密度聚乙烯、线性低密度聚乙烯和高端聚烯烃产品（乙烯辛烯共聚聚乙烯、醋酸乙烯共聚聚乙烯、茂金属聚乙烯和超高分子量聚乙烯等）。聚乙烯再用于生产薄膜类制品、注塑制品、中空制品、管材类制品、丝类制品、电缆制品等。二是乙烯氧化生产环氧乙烷/乙二醇，乙二醇再用于生产聚酯涤纶、聚酯树脂、吸湿剂、增塑剂、表面活性剂、合成纤维等，环氧乙烷还用于生产聚氧乙烯醚类非离子表面活性剂、乙醇胺、乙二醇醚、聚醚多元醇等其他产品。三是用乙烯生产苯乙烯，苯乙烯再用于生产丁苯橡胶和ABS树脂。

（2）丙烯全产业链

丙烯产业链主要有五条，如图5-2所示。

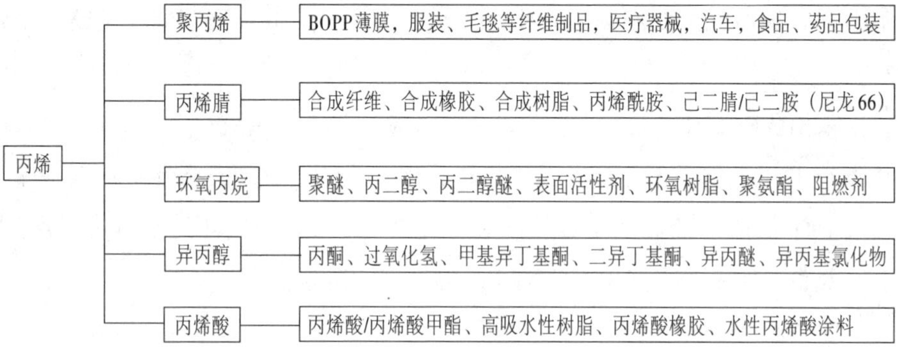

图5-2　丙烯全产业链图

一是用丙烯直接生产聚丙烯，聚丙烯用于生产BOPP薄膜，服装、毛毯等纤维制品，医疗器械，汽车，食品、药品包装等；二是用丙烯生产丙烯腈，丙烯腈用于生产合成纤维、合成橡胶、合成树脂、丙烯酰胺、己二腈/己二胺（尼龙66）等；三是用丙烯生产环氧丙烷，环氧丙烷再用于生产聚醚、丙二醇、丙二醇醚、表面活性剂、环氧树脂、聚氨酯、阻燃剂等；四是用丙烯生产异丙醇，异丙醇再用于生产丙酮、过氧化氢、甲基异丁基酮、二异丁基酮、异丙醚、异丙基氯化物等；五是用丙烯生产丙烯酸，丙烯酸再用于生产丙烯酸/丙烯酸甲酯、高吸水性树脂、丙烯酸橡胶、水性丙烯酸涂料等。

（3）丁二烯全产业链

丁二烯产业链主要有三条，如图5-3所示。

一是生产顺丁橡胶、丁苯橡胶、氯丁橡胶、丁腈橡胶等；二是生产己二腈、己二胺、尼龙、锦纶；三是生产丙烯腈-丁二烯-苯乙烯共聚物（ABS）、苯乙烯-丁二烯-苯乙烯嵌段共聚物（SBS）、氢化苯乙烯-丁二烯嵌段共聚物（SEBS）、甲基丙烯酸甲酯-丁二烯-苯乙烯共聚物（MBS）、环丁砜、四氢呋喃等。

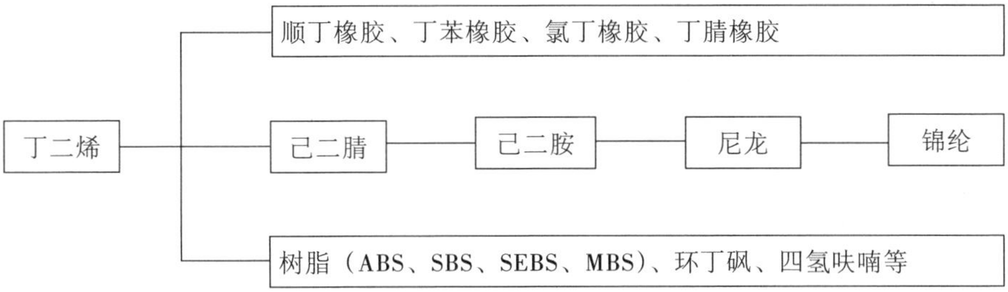

图5-3 丁二烯全产业链图

（4）芳烃全产业链

芳烃是芳香烃的简称，其中最重要的是苯、甲苯和二甲苯（包括对二甲苯PX、邻二甲苯OX、间二甲苯MX），统称为BTX。

①苯

苯主要来自炼油重整芳烃抽提、乙烯裂解配套的芳烃抽提及PX装置副产，另外还有粗苯精制等。苯产业链如图5-4所示。

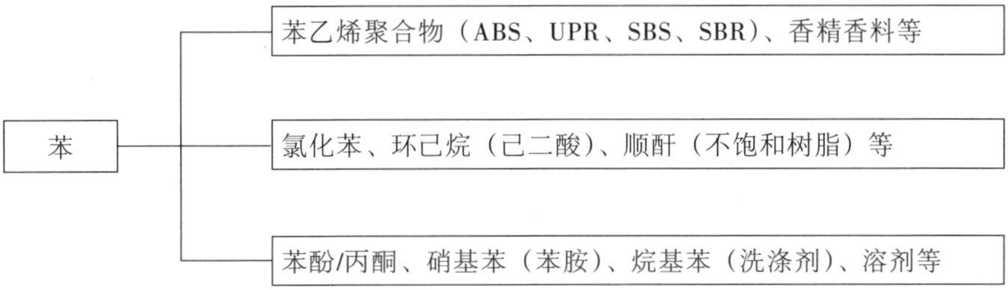

图5-4 苯全产业链图

苯主要可以制成苯乙烯聚合物（ABS、UPR、SBS、SBR）、香精香料、氯化苯（农药、杀虫剂等）、环己烷（环己酮-己内酰胺、己二酸-PA6、PA66等）、顺酐（BDO/PBT、THF/PTMEG、不饱和树脂等）、苯酚/丙酮（双酚A-PC、环氧树脂；MMA、PMMA等）、硝基苯（苯胺、MDI、PU、氨纶等）、烷基苯（洗涤剂）、溶剂（有机溶剂）等。

②甲苯

甲苯是一种无色带特殊芳香味的易挥发液体。甲苯产业链如图5-5

所示。

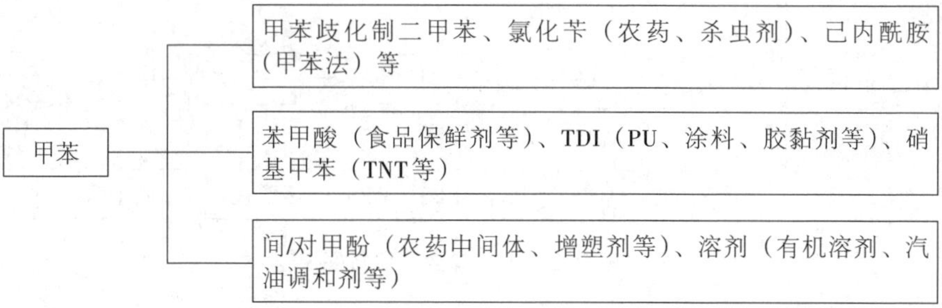

图5-5　甲苯全产业链图

甲苯歧化可制成二甲苯、氯化苄（农药、杀虫剂等）、己内酰胺（甲苯法）、苯甲酸（食品保鲜剂等）、TDI（PU、涂料、胶黏剂等）、硝基甲苯（TNT等）、间/对甲酚（农药中间体、增塑剂等）、溶剂（有机溶剂、汽油调和剂等）等。

二甲苯存在三个异构体，分别为对二甲苯PX、邻二甲苯OX和间邻二甲苯MX，又称为混合二甲苯，其中用量最大的是PX，主要包括PX-PTA（PET、PBT、PTT等）。二甲苯全产业链如图5-6所示。

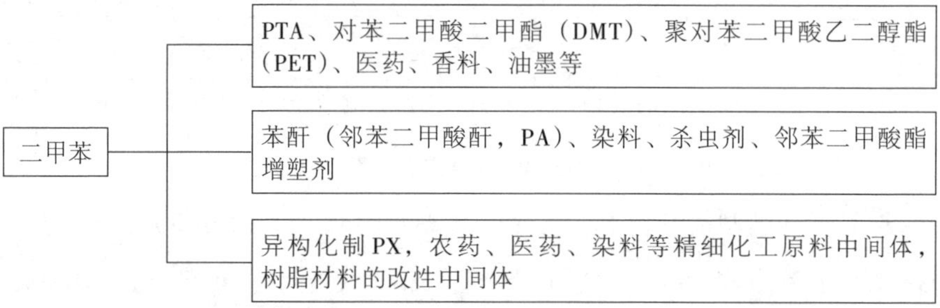

图5-6　二甲苯全产业链图

对二甲苯主要用于生产PTA、对苯二甲酸二甲酯（DMT）、聚对苯二甲酸乙二醇酯（PET）、医药、香料、油墨等。

邻二甲苯主要用于生产苯酐（邻苯二甲酸酐，PA）、染料、杀虫剂等。邻二甲苯衍生物是邻苯二甲醛，可用于制备邻苯二甲酸酯增塑剂。邻二甲苯的90%左右用于生产苯酐。

间二甲苯主要用于生产异构化制PX，农药、医药、染料等精细化工原料中间体，树脂材料的改性中间体。

（5）碳五全产业链

碳五资源是乙烯生产过程中的副产物，省内碳五资源很丰富，但目前对其利用率还很低，碳五深加工是未来的产业趋势。碳五全产业链如图5-7所示。

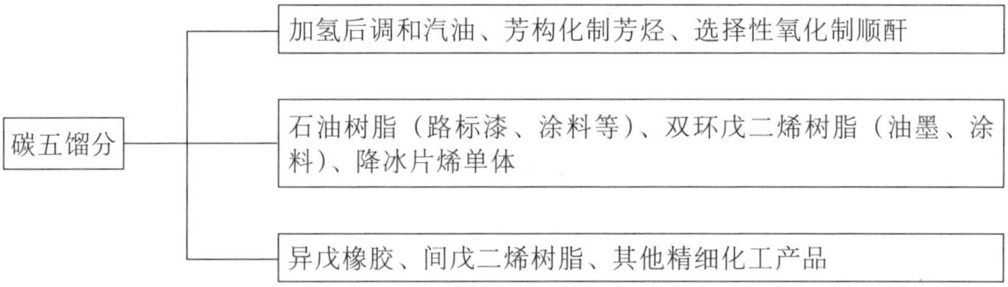

图5-7　碳五馏分全产业链图

一是可以加氢后调和汽油、芳构化制芳烃、选择性氧化制顺酐。二是生产石油树脂用于路标漆、涂料等；分离出双环戊二烯树脂用于油墨、涂料等；生产降冰片烯单体。三是生产异戊橡胶、间戊二烯树脂以及其他精细化工产品。

（6）碳九全产业链

裂解碳九资源是乙烯生产过程中的副产物。碳九全产业链如图5-8所示。

一是聚合生产碳九石油树脂，生产M酸、均三甲苯胺、高效麦田除草剂、聚酯树脂稳定剂、醇酸树脂增塑剂、活性艳蓝、酸性染料；二是加氢生产高品质芳烃溶剂油，加氢脱烷基、歧化和烷基转移实现轻质化；三是轻碳九与甲苯歧化、烷基转移制二甲苯，重碳九分离出均四甲苯来制取均苯四甲酸二酐，也用于生产聚酰亚胺树脂、染料、增塑剂。

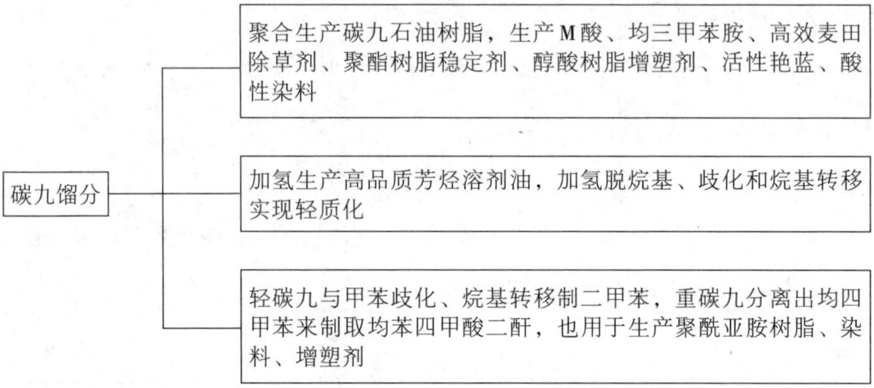

图5-8　碳九馏分全产业链图

5.4.3　建议推动优势产业间协同发展

应利用大连市和盘锦市良好的工业助剂产业发展基础，大力发展金属选矿剂、钝化剂、脱脂剂、钢材酸洗缓蚀剂、金属添加剂（如各类钢材添加剂）、金属油漆等冶金工业用精细化学品产业，推动我省冶金工业和装备制造业的大力发展。我省多所科研院所和高校（如辽宁科技大学等）已针对钢铁加工等冶金工业，完成了多项精细化学品研发和制备技术，具有巨大的应用价值，接下来应加快科技成果转化和应用，实现冶金工业与精细化工的协同发展。

在化工新材料领域，我省相关企业在烯烃聚合材料上具有良好的基础和发展势头，应结合我省在汽车产业的实际需求，开发汽车专用化工新材料，如低气味高抗冲聚丙烯汽车专用料、汽车保险杠专用料、汽车油箱专用料、汽车轮胎橡胶等高端产品，逐步实现对相关同类进口料的替代。

5.4.4　建议推动各市差异化发展

建议大连市充分利用在炼化一体化和精细化工方面的优势，大力发展高端化工新材料，包括高性能树脂、功能性膜材料等，特别是在PX-PTA-PET产业链上继续加大投入，保持产业优势。

建议盘锦市紧密围绕石化资源，大力发展盘锦高端精细化工产业，将初级石化产品进一步深加工，在高端聚乙烯和聚丙烯新材料方面加大研发与投入。同时，在保持现有优势的基础上，持续加大高端沥青新产品等的开发力度。

建议营口市融入辽东湾大湾区一体化的大发展中，应继续在烯烃聚合催化剂方面加大研发投入，做强烯烃聚合催化剂产业，加大聚酯新材料的开发力度。

建议抚顺市充分利用石蜡方面的基础和优势，与相关高校和科研院所紧密合作，开发高端产品，做强石蜡等精细化工产业。同时，基于抚顺市在聚烯烃方面的基础，发展车用聚丙烯、航空航天用复合材料以及POE聚烯烃弹性体等高端聚烯烃材料。

建议辽阳市控制炼油规模，增大化工规模，提高炼化一体化水平。加大芳烃产业链开发力度，延长芳烃深加工产业链，充分利用现有的原料资源优势，建设苯乙烯、PTA和PET装置，把芳烃资源在园区内“吃干榨净”。

建议鞍山市在有机化工原料和有机染料颜料产业方面继续加强技术研发力度，不断推出新型高端染料颜料产品；同时，拓宽颜料下游产品渠道，大力发展涂料和油漆产业，延长染料颜料产业链，带动染料颜料产业发展。

建议锦州市和葫芦岛市控制炼油做精化工。基于中石油锦州石化公司拥有国内规模最大的油系针状焦装置，建议继续把针状焦做精，做成高附加值的特色产品。基于葫芦岛的聚氨酯产业链基础，发展聚氨酯下游产业。同时，锦州市和葫芦岛市也应注重发展环保型和生态型石化产业，逐步进行沿海自然生态修复。

建议沈阳市在橡胶工业园的基础上，积极谋划好普利司通、米其林、三橡股份、沈阳城市公用集团橡胶制品、赛轮（沈阳）轮胎等轮胎企业的发展规划，做大做强沈阳橡胶产业园，把沈阳建设成中国橡胶轮胎生产基地。同时，在现有生物医药产业的基础上，继续加大发展力度，做精生物医药产业。

6 完善辽宁石化产业链区域布局

6.1 大连市布局

6.1.1 大连市石化产业链现状

大连市石化产业共有3个化工园区，分别是大孤山化工园区、松木岛化工园区、长兴岛（西中岛）石化产业基地（分2个片区）。另外，中石油大连石化公司在大连市区。大孤山化工园区和长兴岛石化产业基地以石油化工和传统的化工生产为主，松木岛化工园区以精细化工、化工新材料产业为主。当前，大连市石化产业主要表现为石化产业链较完整、炼油产能较大、精细化工实力较强。

（1）产业链完整

①大孤山化工园区。大孤山化工园区在大连市中心城区的东北方。园区内拥有大连爱贝西化工有限公司、大连力佳化学制品有限公司等数百家石化企业，形成了较为完整的产业链。

②松木岛化工园区。松木岛化工园区是大连市化工企业向北搬迁的重要承接地，也是大连“一个中心，四大基地”的重要组成部分，同时还是大连市“一岛十区”重点园区。松木岛化工园区重点发展精细化工、海洋化工及新材料等产业。化工园区分三期建设：一期起步区7.8平方公里，总建设期15年。目前，起步区7.8平方公里已实现“七通一平”，基础设施日益完善，具备了较强的产业承载能力。

松木岛化工园区大力发展精细化工产业，已逐渐形成了以催化、生物医药、半导体材料、染料、高分子材料五大方向为主的核心产业集群，吸引了中触媒新材料、龙想催化等一批龙头和骨干企业加速聚集。

③长兴岛（西中岛）石化产业基地。长兴岛（西中岛）石化产业基地分长兴岛、西中岛2个片区。2022年，全区石油化工产业产值2 356.6亿元，占大连市石化产业产值的51.8%，是以炼化一体化项目为龙头、以多元化原料加工为补充，以有机原料、合成材料、清洁油品为主体的大型炼化一体化生产基地。2023年，大连长兴岛（西中岛）石化产业基地连续8年蝉联“全国最具发展潜力化工园区10强”，担负着助推东北老工业基地全面振兴、全方位振兴的时代重任。

长兴岛具有发展石化产业的深水岸线，离岸400米即可达到水深20米条件。港口工业岸已经建成30万吨原油码头3个，原油罐区1 100万吨。全区共建成30多个泊位，19个泊位对外开放，其中对外开放的化学品泊位6个。长兴岛还规划建设了危废处理基地，配备了气体供应设施等，具有满足石化产业发展的所有条件。

长兴岛（西中岛）石化产业基地规划了高性能聚烯烃、EVA树脂等先进有机材料生产项目，可以满足汽车工业、轨道交通、新能源、高端装备等下游制造业升级发展所需。此外，该基地还规划建设了MDI项目，并结合聚醚多元醇等相关原料项目，延伸发展了多品种、系列化的聚氨酯产业链，以满足东北地区对聚氨酯材料的需求。如利用恒力炼化芳烃（PX、PTA）产品等下游项目，打造“原油-芳烃-PTA-聚酯-民用丝及工业用丝-织造”的完整产业链条，在增强产业竞争力的同时，也能与辽宁的纺织产业发展进行较好的结合。大连福佳·大化石油化工有限公司是在国家振兴东北老工业基地的发展思路下成立的合资公司，拥有全国第一家民营企业控股的芳烃项目，延伸了大连石化产业炼油-PX-PTA-聚酯切片的“黄金产业链”，填补了大连石化只有“油头”没有“化尾”的空白。

（2）炼油产能大

大连市3家炼油企业的原油加工能力分别是中石油大连石化公司2 050万吨/年，大连西太平洋石化有限公司1 000万吨/年，大连恒力石化2 000万吨/年，合计原油加工能力5 050万吨/年，约占全省原油加工能力的45%，近半壁江山。由此可见，大连在辽宁石化炼化产业中占有非常重要的位置。

以中石油大连石化公司为例，现有炼油生产装置48套、化工生产装置7套，年原油一次加工能力2 050万吨，能生产汽油、煤油、柴油等石化产品200多种。

（3）精细化工强

近年来，大连市以医药、农药、专用化学品、催化剂等产品为代表的精细化工产业发展较快，与合成塑料、橡胶及化工原料等下游加工行业形成有机整体，相互促进、共同发展，已成为东北地区乃至全国具有重大影响力的大型精细化工产业基地。

一是医药、农药产业蓬勃发展。生物医药是七大战略性新兴产业之一，具有广阔的发展空间。辽宁芳烃资源丰富，可为各类医药中间体的生产提供充足的原料；大连有美罗和正达等多家著名的医药生产企业，具有良好的医药研发和生产基础。据调查，大连松木岛化工园区将医药新材料的研发和生产作为重点优势项目，年产值达到5.76亿元。大连瑞泽农药股份有限公司是国家农药定点生产企业，致力于农业除草剂、杀虫剂等的生产，已成为一家年产值超过7亿元、利润达到3 800万元的大型企业，在中国农药界的综合实力和经济效益排名一直位居前列。

二是专用化学品种类丰富。大连百傲化学股份有限公司是各类工业、民用杀菌剂、防腐剂和防霉剂的专业制造商。各种添加剂产品广泛用于油田注水、制浆造纸、海洋油漆、塑胶皮革、纺织品、建材等领域的杀菌和防腐、防霉，尤其是在石油化工、电力、冶金等工业领域的循环冷却水杀菌灭藻、阻垢缓蚀应用中得到了广泛的认可，生产工艺、技术、生产能力和产品质量均处于同行业领先水平，关键技术填补了国内外空白。大连力佳化学制品有限公司主要生产水处理剂、有机高分子絮凝剂、净水剂、消毒剂等，年生产能力7 000吨。大连卡贝斯化工有限公司主要生产橡胶硫化剂、ABP系列防结块剂等多种工业助剂和添加剂，生产规模10.57万吨/年，销售收入1.09亿元。

三是催化剂产业不断发展壮大。大连市拥有多个精细化工领域国家级研发中心，如中科院大连化物所拥有催化基础国家重点实验室，大连理工大学拥有国家精细化工重点实验室。这些科研机构研发能力较强，专业技术优势突出，产学研结合在很大程度上推动了精细化工尤其是催化剂产业的发展。松木岛化工园区拥有中触媒新材料股份有限公司、大连龙想催化化学股份有限公司和大连大齐化工技术研究院有限公司等多家催化剂生产企业，着力打造催化剂生产基地。中触媒TS-1分子筛生产装置为全球最大分子筛生产装置，填补了国内技术空白。此外，中触媒还与全球最大的化工集团德国巴斯夫合作建设了全球第七个特种分子筛催化剂实验室，具有非常强的分子筛催化剂研发和生产能力。大连天源基化学有限公司主要生产催化剂及催化助剂，有年产190吨CER4221的生产线等。

四是涂料、油漆产业发展减缓。近年来，有机化工、化工新材料、精细化工产业蓬勃发展，使辽宁拥有了充足的树脂、溶剂、添加剂及颜料资源，因此，涂料、油漆产业有了一定程度的发展。但受消费税和建筑业发展减速的影响，全国涂料产量自2015年起开始下滑，辽宁下滑幅度更是达到33.5%。2018年，辽宁涂料产量仅为82 257吨。松木岛化工园区没有大规模的涂料、油漆生产企业，而当前中国涂料、油漆市场对技术含量高、附加值高的建筑涂料、汽车涂料和海洋涂料等有较大的需求量。

6.1.2 大连市石化产业链存在的问题

（1）石化园区布局分散

大连市大孤山化工园区、松木岛化工园区和长兴岛（西中岛）石化产业基地（分2个片区）3个化工园区，分布在大连的南部和北部，整体分布较分散。尤其是南部的中石油大连石化公司和大孤山化工园区还处在市区中，给周边的环境造成很大压力。按照全域城市化的四大组团总体规划，着眼于大连市长远发展，目前的南北分散分布，不利于形成集聚效应，也不利于城市生态环境保护。大连市区的石化产业逐步向北迁移至大连长兴岛（西中岛）石化产业基地（规划面积110平方公里），应该是未来发展的趋势。

（2）炼化一体化水平低

中石油大连石化公司原油加工能力为2 050万吨/年，没有乙烯装置配套，主要是生产成品油，全年产量高达1 328万吨，占原油加工量的64.7%。由于成品油产量巨大，省内市场无力承受，约1 100万吨成品油销往省外。中石油大连石化公司生产的成品油以燃料型为主，炼化一体化水平较低。

目前，大连长兴岛（西中岛）石化产业基地已签约引进20多个产业类项目，包括已投产的蒙连液化气深加工、美精油品添加剂等项目，但已建成项目、拟建项目间的关联度不高，炼化一体化水平还有待提高。

（3）高端化工新材料少

大连的石化产业以化工原料为主，下游的高端化工新材料偏少，聚丙烯作为原料通常销售到省外。大连恒力石化2 000万吨/年的炼化一体化项目目前主要投产了炼油、芳烃、PTA装置，乙烯装置尚未建设完成，在高附加值产品方面不足，使得其对整个石化产业的龙头带动性还不够强。

6.1.3 大连市石化产业链发展建议

（1）建议提高石化产业聚集度

建议吸纳国际经验，提高大连市石化产业聚集度。细数世界排名前列的石化产业园区，其发展路径、模式基本一致，都是依靠聚集行业巨头快速扩大体量，这不仅能够获得大量投资，更重要的是，借助它们产生的“虹吸效应”，可以吸引更多中下游配套企业入驻，从而实现产业的集群发展。因此，在招商引资方面，建议政府借鉴新加坡石化产业的发展经验，在引入国际化工巨头的同时，采用产业链招商模式，以石化产业为依托，根据价值链链接关系的要求，将上下或横向关联企业一揽子引进，推动上下游产业链协同发展。另外，要在石化产业基地化、园区化和装置大型化的基础上，做好集群化发展的大文章，通过产业的集群化发展提升企业的集聚度和产品的集聚度，提高原料的配套性和产业链的协同性。

与此同时，建议加快大连石化产业布局调整，重点建设长兴岛（西中岛）石化产业基地，加快承接大连市城区、大孤山化工园区石化产业转移，将大孤山化工园区内企业逐步北迁至长兴岛石化产业基地，进而提高石化产业聚集度，加快石化产业转型升级，实现石化产业高质量发展。

（2）建议提升炼化一体化水平

随着全球范围内能源结构的逐渐转型，油品需求增速放缓，化工产品需求加快，炼油化工一体化已成为石油化工行业的发展趋势和重要发展战略。炼化一体化可以实现炼油与石油化工物料互供、能量资源和公用工程共享，提高石油资源利用率，降低投资和生产成本，适应油品和石化产品的需求变化。与同等规模的炼油企业相比，炼化一体化企业的产品附加值可提高25%，节省建设投资10%以上，降低能耗15%左右。

另外，要在石化产业基地化和园区化、炼化一体化和装置大型化的基础上，做好集群化发展的大文章，通过产业的集群化发展提升企业的集聚度和产品的集聚度，提高原料的配套性和产业链的协同性。在新的石化产业发展形势下，炼化一体化是石化产业布局和发展的必然趋势。

（3）建议发展高端化工新材料

高端化工新材料包括高性能树脂、高性能合成橡胶、功能性膜材料等。与传统化工材料相比，高端化工新材料具有质量轻、性能优异、功能性强、技术含量高、附加值高等特点，位于石化化工产业金字塔的顶端。当前，高端化工新材料市场需求旺盛，经初步估算，中国高端化工新材料产品市场规模近1万亿元，年均增速超过10%。然而，国内高端化工新材料产品供应整体短缺，需大量进口。2022年，我国高端化工新材料需求超过4 500万吨，产量3 300万吨，剩余的依赖进口，高分子封装材料等高端化工新材料的进口依赖度更是高达80%以上。因此，建议要大力发展高端化工新材料，提升整个石化产业的收益。

特别是针对大连市石化产业的PTA优势，应采取相应措施，实现稳产增产，密切关注PTA行情及国内产能变化，并大力发展PTA下游产业配套（如PET），把大连市的PTA产业做大做强，保持行业的领先优势。

6.2 盘锦市布局

6.2.1 盘锦市石化产业链布局现状

盘锦市化工园区众多，全市共有7个石化及精细化工产业园区，包括盘锦辽东湾新石化产业园、辽宁北方新材料产业园、盘锦精细化工产业园区等。7个化工产业园区使盘锦石化产业布局面广、规划面积大，为盘锦石化产业未来的发展奠定了坚实的基础，并提供了广阔的拓展空间。

盘锦石化产业吸引了众多石化龙头企业，兵器华锦、宝来集团、辽河石化、戴纳索、科莱恩等300多家石化企业集聚发展，具有极强的发展后劲。

（1）石化产业链较完整

盘锦市集聚了许多国有和民营的石化龙头企业，石化产业链比较完整。宝来集团2009年入驻辽东湾新区（现辽滨沿海经济技术开发区），2015年后快速发展，目前总资产超过千亿元，营业收入700亿元，是东北地区最大的民营石化企业之一。中石油辽河石化公司坚持“原料以稠油为主、产品以沥青为主”的特色发展战略，是国内首家百万吨级沥青生产企业，是商务部确定的国内最大的优质道路沥青生产基地。

此外，盘锦市还集聚了长春化工盘锦石化基地项目、联成化学盘锦化工及仓储物流基地项目、瑞德化工焦化芳烃精细加工项目等一批优质项目。盘锦的石化产业链比较完整，具有发展高质量石化产业的坚实基础。

（2）石化产业链基础好

截至2022年末，盘锦拥有原油加工能力3 460万吨/年、乙烯产能150万吨/年、合成树脂产能300万吨/年，已成为全国重要的成品油、沥青、润滑油基础油等石化产品生产基地。石化及精细化工产业已成为盘锦第一大支柱产业。

以合成材料产业链为例，依托兵器华锦、宝来利安德巴赛尔、金发科技等龙头企业，发挥400万吨/年的烯烃原料优势，以乙烯、丁二烯、苯乙烯等不饱和烯烃产业链向价值链中高端发展，形成了以烯烃为龙头的合成材料产业链。目前，盘锦市已跻身辽宁石化基地“两极”之一，成为全国重要的合成树脂生产基地，产业规模持续扩大，产业基础支撑能力不断增强。

（3）石化产业链后劲足

盘锦辽滨沿海经济技术开发区，是国家级经济技术开发区、国家新型工业化产业示范基地、国家园区循环化改造示范试点。盘锦提出以产业链延伸为导向，聚焦精准研究、精准招商、精准培育、精准引才、精准服务，提出以发展大炼油、大化工为基础，以发展高端润滑油等为重点，以产品技术高端化和产业结构优化升级为主线，依托石化龙头企业和项目，推动石化及精细化工产业链向高端转型发展，石化产业发展后劲十足。

6.2.2 盘锦市石化产业链存在的问题

（1）港口30万吨原油泊位空白

盘锦港5万吨级以上泊位有25个，但缺少30万吨级的泊位，港口的接卸能力较弱，不能满足大型油轮的停靠要求。

（2）上下游企业关联度不够

盘锦的石化产业主要集中在石油开采与原油加工方面，中下游石化精深加工还需进一步加强，精细化工产业发展还不充分，整个石化产业链不够长，产业间没有形成有效链接，上下游企业关联度不够。

（3）缺少精细化工龙头企业

近年来，盘锦精细化工产业得到了较快的发展，主要产品包括油品添加剂、橡塑助剂、水处理剂、食品添加剂等，产品涵盖了精细化工行业的各个门类。

盘锦市精细化工生产企业主要分布于盘锦精细化工产业园区、辽宁北方新材料产业园和盘锦辽东湾新石化产业园，3家化工园区拥有各类工业助剂和添加剂生产企业14家，产能约1.96万吨/年；医药生产企业共15家，产能0.75万吨/年；优质化学试剂生产企业7家，产能达17.6万吨/年；多功能型精细化工生产企业也很多，如盘锦鑫安源化学工业有限公司是一家只有60名员工的民营企业，但却涉及石油石化助剂、橡塑助剂、化工催化剂等多种产品的生产。由此可以看出，盘锦精细化工产业已形成了“多元化”的发展模式，产品种类齐全，但精细化工技术发展程度参差不齐，企业规模大小不一，缺乏精细化工龙头企业。

6.2.3 盘锦市石化产业链发展建议

（1）建议开辟30万吨原油泊位渠道

盘锦正在推进30万吨码头和25万吨航道的建设，这将填补盘锦大吨位港口的空白，为石化产业的大规模发展提供物流保障。建议盘锦市充分借助营口港的优势（营口港拥有30万吨级原油码头，距离盘锦港55公里），通过建设辽东湾大湾区，把盘锦港和营口港连成一体化发展，为盘锦的石化产业物流运输提供保障。

（2）建议提高上下游融合度

建议盘锦市在石化产业基地化、园区化、炼化一体化和装置大型化的基础上，做好集群化发展的大文章，通过产业的集群化发展，提升企业间产品上下游的融合度和产品的集聚度，提高原料的配套性和产业链的协同性。

（3）建议加强沥青新产品开发

盘锦市550万吨/年的道路沥青生产能力，使其成为全国最大的道路沥青生产基地之一，特别是在寒冷地区专用道路沥青领域的地位无可撼动。此外，盘锦市沥青生产企业还开发了车用沥青阻尼片、沥青针状焦等高端产品。因此，建议盘锦市继续加大对高端沥青产品的开发力度，如超薄磨耗层高速公路专用沥青、高附加值防水沥青、防水卷材沥青、改性沥青、特种沥青等。

（4）建议发展高端精细化工

建议盘锦市围绕石化资源，大力发展高端精细化工产业，将初级石化产品进一步深加工，逐渐孵化出新材料、药用中间体等与石化产业相关的战略性新兴产品，利用自身优势，寻求差异化、高端化发展。

一是利用石化资源，发展高端精细化工产业。利用盘锦充足的芳烃、烯烃资源，以高端精细化发展为目标，发展以药物中间体、酚醛树脂胶等为代表的精细化工产业。

二是利用石化资源和本地物产资源，发展新领域精细化工产业。以氨基酸、表面活性剂、纤维素衍生物的应用开发为核心，重点发展生物医药、食品饲料添加剂以及军工化学品等新产业。

三是做强做精专用化学品产业。充分利用现有专用化学品生产基础，加大新产品技术研发、投资力度，重点发展油田化学品、减水剂、橡塑助剂等高端专用化学品产业。

四是巩固高端润滑油产业先发优势。目前，盘锦润滑油基础油生产能力已超过180万吨/年，成为东北地区重要的润滑油基础油生产基地之一，特别是化妆品和食品级白油、光亮油等高端产品已占据较大的市场份额。目前，国内白油市场产销情况良好，需求量持续增加。盘锦市应抓住发展机遇，加大高品质产品的开发力度，满足市场多样化的产品需求，持续巩固润滑油产业先发优势。

6.3 营口市布局

6.3.1 营口市石化产业链现状及存在的问题

营口市现有两个化工园区，分别是营口仙人岛能源化工区和辽宁（营口）沿海产业基地化工产业区。其中，仙人岛能源化工区位于营口市南部，规划面积84平方公里，现有规模以上石化企业16家，占精细化工产业企业总数的25.8%。

（1）拥有30万吨原油码头

营口仙人岛能源化工区毗邻营口港区，营口港区是以石油化工产品港口储运为主的大型综合性港区，是东北地区难得的深水良港，现有已投入使用的30万吨级原油码头和5万吨级成品油码头，为石化产业的发展提供了良好的物流保障。

（2）石化产业链条短

营口石化产业现已形成以精炼石油产品、催化剂、工程塑料、聚酰亚胺等为主要产品的产业发展格局，但产业聚集度不够高，还没有形成上下游产业链（产业链较短），化工产业项目安全建设水平还有待提高。

6.3.2 营口市石化产业链发展建议

（1）建议融入辽东湾大湾区一体化

营口仙人岛能源化工区位于营口市南部，西临辽东湾。营口仙人岛北衔盘锦，南接大连，是连接盘锦和大连的桥梁，建议把营口仙人岛纳入辽东湾大湾区，主动对接盘锦和大连市的石化产业，优势互补、错位发展，共同助推辽东湾大湾区建设。

（2）建议发展烯烃聚合催化剂产业

建议营口充分发挥辽宁向阳科化集团等科技型企业的优势，大力扶持和发展烯烃聚合催化剂产业。辽宁向阳科化集团作为目前中国最大的聚烯烃催化剂生产企业，其生产的丙烯腈催化剂先后在中石油各腈纶生产装置上使用，国内市场占有率超过50%。

目前，向阳科化集团共有员工800余人，占地面积200万平方米。建议政府鼓励和支持企业积极围绕“集群集聚助发展，强链补链育产业”的思路，在现有基础上做强做大烯烃聚合催化剂及助剂产业。辽宁向阳科化集团计划继续扩大生产规模，在现有基础上，经过改造，精细化工业总产值将达到17亿元以上。建议营口继续鼓励催化剂生产企业扩大生产规模，并加大研发资金投入力度。此外，营口市还有一些生产烯烃聚合催化剂的中小企业，对于这些中小企业，建议营口市政府支持它们与资金、技术、生产设备和销售能力强的大公司以联盟的形式进行合作，整合各自的优势资源，形成以辽宁向阳科化集团为龙头骨干企业的烯烃聚合催化剂生产集群。

（3）建议做大做强石化仓储物流基地

建议营口仙人岛能源化工区充分利用营口港水深浪静的自然优势和港口吨位大的基础优势，与辽宁港口集团通力合作，加快港口仓储物流设施建设，努力打造千亿元产值的大型临港能源石化产业集群，推动营口石化产业快速发展。

6.4 抚顺市布局

6.4.1 抚顺市石化产业链现状

抚顺市石化产业发达，中石油抚顺石化公司是我国炼油工业的“摇篮”，抚清助剂是亚洲首家有机过氧化物专业厂商，高纯度过氧化异丙苯现已占到全球市场份额的70%；抚顺市高新技术产业开发区获批全国首家“国家精细化工产业化基地”、国家产业转型升级示范区核心示范园区之一。近年来，抚顺市加速建设石蜡、碳材料、有机过氧化物三大世界级研发生产基地，产业规模不断扩大，产业结构持续优化。

（1）炼化一体化水平较高

2012年10月，中石油抚顺石化公司“千万吨炼油，百万吨乙烯”项目建成投产。这是辽宁第一个百万吨乙烯炼化一体化工程，每年可提供聚乙烯92万吨、聚丙烯46万吨、丁苯橡胶20万吨等。此外，抚顺周边城市及东北地区的石化企业还能提供环氧乙烷、乙二醇、丙烯酸酯、丁辛醇、丙烯腈、

MMA等石化原料。未来随着碳四综合利用、碳五分离及利用、裂解焦油、碳九深加工等项目的启动，丙烯、异丁烷、碳五系二烯烃等基础原料供应能力也将进一步提升。

（2）碳五碳九综合利用率高

抚顺市在碳五碳九资源综合利用方面已走了全国前列。抚顺齐隆化工是国内石油树脂行业唯一的“中国驰名商标”拥有者，其生产的碳九共聚树脂产品国内市场占有率达50%。抚顺伊科思新材料有限公司建有全国首套乙腈法碳五分离装置，市场占有率全国第一。

（3）石蜡、烷基苯等资源丰富

抚顺石化公司石蜡产量占到全国的1/3、全球的1/7，是我国最大的石蜡生产基地。随着60万吨/年酮苯脱油和油蜡特色产品改造等项目的投产，不仅石蜡总产量大幅增加，而且填补了抚顺石化公司在微晶蜡、光亮油等特色产品市场上的空白。

抚顺石化公司烷基苯产量达20万吨/年，是亚洲最大的烷基苯生产基地。近年来，烷基苯下游延伸产品开发取得一定突破，特别是驱油用烷基苯的生产，已持续为大庆油田生产驱油用烷基苯4万多吨，为大庆油田稳产作出了突出贡献。

抚顺石化公司同时也是中国石油加氢及贵金属催化剂的生产基地，催化剂生产能力已达到1.25万吨/年，催化剂制备技术水平、性能、质量也全面提升，公司的市场竞争力不断提高，市场影响力不断增强。

6.4.2 抚顺市石化产业链存在的问题

（1）大庆原油资源供给逐渐减少

大庆油田已连续开采60多年，已经进入开采后期。一是开采难度越来越大，开采成本越来越高，部分开发区块含水率已经达到94%。二是产量逐年下降，2023年原油产量3 004.1万吨。大庆油田通过管道运输为大庆石化、大庆炼化等企业提供原油资源，但远远不能满足上述企业的需求。抚顺石化公司是我国石蜡基原油生产基地，随着大庆原油资源供给的逐渐减少，企业接替大庆原油面临巨大考验。

（2）石蜡等精细化工资源利用不充分

随着石蜡改造项目的投产，抚顺石化公司将增加石蜡的产量，但主要还是低端的石蜡蜡板，附加值低且不易储存，而高附加值的特种蜡生产明显不足。

抚顺市的橡胶和树脂等合成材料资源丰富，但下游产业链不发达，就地深加工转化率低。

（3）石化园区距离港口较远

抚顺石化公司1 150万吨/年的炼油厂距离港口较远，距离营口港约260公里，距离大连港400公里，与省内辽东湾、长兴岛（西中岛）等临海石化产业基地相比，不具备区位优势；石化产品及原料的公路和铁路运输成本比较高，制约了石化产业发展。

6.4.3 抚顺市石化产业链发展建议

（1）建议提早谋划原油供给渠道

大庆原油是石蜡基原油，在世界范围内石蜡基原油都是稀缺资源，抚顺石化现有工艺和装置设备主要炼制石蜡基原油。随着大庆原油供给的逐年减少，建议抚顺石化公司提前谋划建设原油供给渠道：一是与中国石油沟通与协调，让大庆原油优先供给和满足抚顺石化生产的需求；二是拓宽石蜡基原油的供给渠道，修建营口港到抚顺石化的原油输送管道；三是对现有装置进行适应性改造，满足不同原油组分的加工需求。

（2）建议做强石蜡等精细化工产业

特种蜡是具有特殊用途的技术含量高、附加值高的石蜡产品。为充分利用自产石蜡资源，实现效益最大化，建议以中石油石蜡技术中心为平台，与国内外特种蜡生产公司、科研院所合作，加大科研和技术创新力度，开发生产特种蜡产品，提高创效能力。同时，开发生产地板封边蜡、钢带防锈蜡等小品种产品，满足市场的各种需求。

建议进一步拓宽烷基苯应用领域，利用原料优势大力生产驱油用重烷基苯。同时，利用现有磺化装置，改造石油磺酸盐装置，生产弱碱石油磺酸盐驱油剂，提高油田的石油采收率。

（3）建议大力发展化工新材料

建议充分利用现有化工新材料资源优势，结合辽宁汽车产业和航空航天产业的优势，发展车用聚丙烯新材料和航空航天用复合材料。同时，建议提前谋划布局医用材料产业，目前医用聚烯烃材料市场大部分被进口产品占领，建议政府采取措施鼓励开发聚烯烃化工新材料，满足国内日益增长的市场需求。

6.5 辽阳市布局

6.5.1 辽阳市石化产业链现状

辽阳市现有辽阳芳烃及精细化工产业化基地和辽宁灯塔经济开发区2个化工园区，中国石油辽阳石化公司坐落于辽阳芳烃及精细化工产业化基地内。

辽阳芳烃及精细化工产业化基地2010年被确定为国家新型工业化产业

示范基地和国家高新技术产业化基地。中石油辽阳石化公司现有炼油、芳烃、烯烃等主要生产线，炼化主体生产装置79套，辅助生产装置52套。芳烃及衍生物生产能力位居全国前列，生产的汽、柴油率先达到国六（B）最严格清洁油品质量标准，航空煤油通过国产航空油料鉴定委员会认证。

辽宁灯塔经济开发区于2005年成立，2018年被评为省级开发区。辽阳市石化产业总体上是石化产业链比较齐全、化工新材料和精细化工产业都有一定的基础。

（1）石化产业链较齐全

辽阳芳烃及精细化工产业化基地是国内最大的环氧乙烷衍生精细化学品生产研发基地，被科技部确定为国家高新技术产业化基地，被工业和信息化部确定为国家新型工业化产业示范基地，先后4次入选全国化工园区30强。

辽阳芳烃及精细化工产业化基地以辽化公司为依托，以辽阳高新技术产业开发区内的芳烃基地为核心发展区域，芳烃基地内的乙烯产业链、丙烯产业链、芳烃产业链较为齐全。

（2）化工新材料有基础

目前，辽阳芳烃及精细化工产业化基地进驻的石化及精细化工企业已达30多家，除辽阳石化公司外，还有奥克化学股份、辽宁科隆等知名民营化工企业。

中石油辽阳石化公司自主研发的PETG共聚酯已通过FDA、RoHS、GB 4806检测认证，成为世界第三、国内第一生产商；超高分子量聚乙烯专有加工技术开发处于国内领先水平。

（3）精细化工产业基础好

辽阳具有较好的精细化工产业基础，辽阳芳烃及精细化工产业化基地以芳烃和化纤原料的生产和销售为主，精细化工产业发展程度较高。辽阳芳烃及精细化工产业化基地拥有18家规上企业和14家规下企业，18家规上企业中共有8家企业从事精细化工品的研发、生产和销售。由表6-1可以看出，辽阳市精细化工生产企业以生产各类环氧丙烷衍生品、催化剂、专用化学品和医药辅料为主。

辽宁奥克医药辅料股份有限公司是国内最大的环氧乙烷衍生精细专用化学品生产企业，主导产品是高性能混凝土减水剂用聚醚。辽宁科隆精细化工股份有限公司为辽阳芳烃及精细化工产业化基地中的精细化工龙头企业，从事建材助剂、SCR脱硝催化剂、化工产品、表面活性剂等各类工业助剂和添加剂的生产和销售，产品可有效降低使用掺量及提高减水率，使产品达到国际领先水平。

表6-1　**辽阳芳烃及精细化工产业化基地精细化工生产企业及其产能情况**

序号	企业名称	主要产品	产能（万吨/年）
催化剂、专用化学品			
1	辽宁科隆精细化工股份有限公司	聚羧酸减水剂、催化剂	15
2	辽阳合成催化剂有限公司	树脂、催化剂	2.5
3	赢创天大（辽阳）化学助剂有限公司	化学助剂	0.6
4	辽阳顺泰化学制品有限公司	汽油添加剂	—
5	辽阳辽化奇达化工有限责任公司	胶粘剂、沥青改性剂、蜡改性剂	0.4
生物医药			
6	辽宁奥克医药辅料股份有限公司	药用聚乙二醇系列产品	1
染料、颜料			
7	辽宁嘉禾精细化工股份有限公司	染料、颜料	0.15
8	辽宁鸿港化工有限公司	苝红（染料）	0.55

辽阳拥有先进的医药辅料生产技术。辽宁奥克医药辅料股份有限公司拥有1个省级生产技术中心和年产1万吨的聚乙二醇系列产品生产线，该工艺采用专有聚合催化剂，可精确控制产品分子量。药用辅料超纯化技术采用专

有分离方法，实现药用辅料产品超纯化。基地内的辽宁鸿港化工有限公司、辽宁嘉禾精细化工股份有限公司两家规上企业从事染料和颜料的生产和销售，具有良好的发展空间。

6.5.2 辽阳市石化产业链存在的问题

（1）炼化一体化水平低

2019年，中石油辽阳石化公司原油加工量约842万吨，成品油产量达到了570万吨，成品油产量占原油加工量的比例高达67%，化工规模较小。总体上看，其炼化一体化水平较低。2023年，中石油辽阳石化公司原油加工量约900万吨。

（2）芳烃深加工产业链条短

中石油辽阳石化公司生产的苯、PX几乎都外销。芳烃产业链延伸度不够，丰富的原料资源没有得到充分利用。产业主要集中在上游，中游化学工业不强，下游精细化工产业发展相对滞后。

（3）精细化工发展不平衡

辽阳市规模以上企业精细化工产值占全市化工行业产值的比重约为42%，低于全省平均水平。在表6-1列出的精细化工生产企业中，精细化工发展不平衡，除辽宁奥克医药辅料股份有限公司和辽宁科隆精细化工股份有限公司两家龙头企业以外，其余的精细化工产品生产企业发展程度较低，产能和产值均较小，生产的产品中资源型、中间产品比重较大，而终端高附加值产品较少，产业链短而窄，核心竞争力不强。

6.5.3 辽阳市石化产业链发展建议

（1）建议提高炼化一体化水平

建议辽阳市控制炼油规模，扩大化工规模，提高炼化一体化水平。目前，辽阳石化公司原油加工能力为1 000万吨/年，已经达到经济规模，建议不要再扩能建设；乙烯产能20万吨/年，规模较小，建议扩建到80～100万吨/年，实现炼化一体化，提高园区的核心竞争力。

（2）建议延长芳烃深加工产业链

针对中石油辽阳石化公司生产的苯、PX几乎全部外销的实际，建议延长芳烃深加工产业链，通过招商引资等措施，利用原料资源，建设苯乙烯、PTA和PET装置，把芳烃资源在园区内消化掉，提高园区的经济实力。

（3）建议作为辽东湾大湾区石化产业发展腹地

辽东湾大湾区的建设，既需要有沿海区域临港，也需要有陆地的延展空间。基于辽阳市的地理位置和石化产业基础，建议将其作为辽东湾大湾区石化产业发展的延展腹地。辽阳市处于辽宁中心腹地，芳烃基地位于辽阳市东南3公里处，地理位置优越。该芳烃基地被认定为“国家芳烃及精细化工高新技术产业化基地”。此外，辽阳石化产业人才、技术及配套服务基础雄厚，化工行业是辽阳市第一支柱产业，多年来不断发展壮大，积累了丰富的人才资源，具备了较强的技术能力。综合各种因素，辽阳非常适合作为辽东湾大湾区石化产业的发展腹地。

6.6 鞍山市布局

6.6.1 鞍山市石化产业链现状及存在的问题

鞍山市的石化产业以煤化工、煤焦油副产品深加工、精细有机新材料为主。鞍山市有3个化工园区，且均为省级化工园区，分别是鞍山经济开发区化工产业园、台安经济开发区化工产业园区、鞍山精细有机新材料化工产业园区。鞍山市有机染料颜料产业基础好，有机化工原料产业有一定的基础。

（1）有机染料颜料产业基础好

以苯、萘、蒽、咔唑等石油加工产品为原料，可以生产染料；以芳香胺、杂芳胺等化工产品为原料，可以生产有机颜料。辽宁染料和颜料产业较为发达，大连、盘锦、辽阳等地均有一定数量的染料和颜料生产企业。但总体来说，有机染料颜料产业主要分布于鞍山精细有机新材料化工产业园区和鞍山经济开发区化工产业园，地域分布相对集中，发展程度较高。其中，上市公司鞍山七彩化学股份有限公司主要从事苯并咪唑酮系列高性能有机颜料、大分子系列高性能有机颜料、偶氮染料、溶剂染料、异吲哚啉酮颜料以及相关染颜料中间体的研发和生产，是国内最早将苯并咪唑酮系列产品产业化的企业之一。目前，其拥有省级研发中心、省级工程技术中心、省级产业专业技术创新平台、省级产业技术创新战略联盟、国家博士后科研工作站五大技术创新平台，拥有科技人员百余人，技术创新能力、新产品研发能力、技术水平在同行业处于领先地位，2019年产能为0.6万吨，产值7亿元。除此以外，鞍山还有中唯炼焦技术国家工程研究中心有限责任公司、鞍山润德精细化工有限公司和鞍山辉虹颜料科技有限公司等多家具有一定规模的染料、颜料生产企业，与七彩化学股份有限公司优势互补、共同发展。

（2）有机化工原料产业有一定的基础

鞍山市台安经济开发区化工产业园区有机化工原料产业具有一定的基础。辽宁缘泰石油化工有限公司在液体石蜡、重质液体石蜡、有机热载体等方面具有相当的规模，生产规模300万吨/年。

6.6.2 鞍山市石化产业链发展建议

（1）建议做强做大染料颜料产业

鞍山七彩化学股份有限公司带动了鞍山染料颜料产业的发展，使鞍山具有良好的有机染料颜料产业基础，市内分布着多家生产规模不同的有机染料颜料生产企业。建议鞍山市继续大力发展染料颜料龙头企业，加大技术研发力度；同时，拓宽颜料下游产品渠道，大力发展涂料和油漆产业，带动染料颜料产业发展。此外，应加大对中小企业发展的帮扶力度，大、中、小企业协同发展，形成具有较强竞争力的有机染料颜料生产集群。

（2）建议作为辽东湾大湾区石化产业发展腹地

鞍山的三个化工园区土地储备丰富、地势平坦、基础设施完备。依托鞍钢百万吨煤焦油集中加工，进行煤焦油产品精深加工的前景十分广阔。鞍山是全球煤化工人才最集中的地区，各类工程技术人才资源十分丰富。此外，鞍山还是发展染料颜料精细化工产业的理想之地。综合各种因素，建议将鞍山市作为辽东湾大湾区石化产业的发展腹地。

6.7 锦州市布局

6.7.1 锦州市石化产业链现状及存在的问题

锦州市拥有4个化工园区，均属于县级或市级化工园区，总体规模较小，整体较为分散，特别是八道壕镇化工园区目前基本上无化工企业入驻。中石油锦州石化公司位于古塔化工园区内，原油加工能力800万吨/年。

（1）化工新材料有基础

锦州的石化产业链主要处于上游，在针状焦、合成顺丁橡胶等方面具有一定的特色。锦州石化产业拥有国内规模最大的油系针状焦装置（所产的针状石油焦主要应用于高功率石墨电极的生产），并建立了研发、生产、售后服务的完整体系。锦州石化公司与中科院长春应用化学研究所合作开发的稀土顺丁橡胶，填补了该橡胶品种的国内空白，并已经开始实际应用在轮胎生产中。

（2）炼油规模小，炼化一体化水平低

中石油锦州石化公司位于古塔化工园区内，原油加工能力800万吨/年，成品油占原油加工量的比例高达82%，是一家燃料型炼油企业。总体上看，锦州的炼油规模小，炼化一体化水平很低。

（3）精细化工基础差

锦州市精细化工发展基础较差。黑山县和北镇市农业较为发达，化肥和农药等农用品需求量较大，因此，化肥和农药生产逐渐成为其主导产业，但产品技术水平低、种类单一。位于黑山县八道壕镇化工园区内的辽宁芳希化工有限公司于2019年建成，2020年正式投入生产。锦州市滨海化工产业园区主要入驻防水涂料、防水卷材、专用化学品等生产企业，但是生产规模不大，基础较差。

6.7.2 锦州市石化产业链发展建议

（1）建议做精化工新材料

基于中石油锦州石化公司拥有国内规模最大的油系针状焦装置，建议继续把针状焦做精，做成高附加值的特色产品。目前，公司正通过建立中国石油针状焦生产基地，打造锦州石化焦类的明星产品。20世纪60年代，锦州石化公司成功生产出国内第一块合成顺丁橡胶。2017年，锦州石化公司对顺丁橡胶装置进行了大规模的技改升级，目前正在优化调整顺丁橡胶生产。建议支持锦州石化公司做精稀土顺丁橡胶产品，打造国内优质品牌。

（2）建议控制炼油、做精化工

随着全球范围内能源结构的逐渐转型，油品需求增速放缓，炼油严重产能过剩，石化产品需求加快。建议严格控制炼油规模，以锦州石化的针状焦和顺丁橡胶为核心，建设国内独具特色和具有知名品牌的针状焦和顺丁橡胶生产基地。

（3）建议做好节能环保工作，恢复沿海生态

习近平总书记提出，全面加强生态环境保护，打好污染防治攻坚战，提升生态文明，树立绿色发展理念，坚持节约资源和保护环境并行。锦州应注重发展环保型和生态型石化产业，坚持“绿水青山就是金山银山”的生态发展理念，把锦州建设成为生态宜居的海滨城市。

6.8 葫芦岛市布局

6.8.1 葫芦岛市石化产业链现状及存在的问题

葫芦岛市共有3个化工产业园区，有2家石化央企。其中，锦西石化公司原油加工能力为650万吨/年；中海石油葫芦岛精细化工有限责任公司无原油加工能力，以液化石油气、凝析油生产和销售为主。从总体上看，葫芦岛市精细化工有一定的基础，但是存在炼油规模小、炼化一体化水平低和化工新材料基础差等问题。

（1）精细化工有一定的基础

葫芦岛市的精细化工产业具有一定的发展基础。建筑材料添加剂、润滑油添加剂、水处理剂等专用化学品生产为其主导产业，产品种类较多。此外，农药原药及其中间体、高端表面活性产品、航空清洗剂等也有一定的产量，但占比较小。辽宁先达农业科学有限公司2019年建设的农药原药、中间体及制剂生产线产能较大、产值较高。

(2) 炼油规模小、炼化一体化水平低

中石油锦西石化公司的原油加工能力为650万吨/年，成品油产量占原油加工量的比例高达80%，是一个燃料型炼油企业，炼油规模小、炼化一体化水平很低。

(3) 化工新材料基础差

中石油锦西石化公司是燃料型炼化企业，主要生产成品油，缺少特色化工新材料，只有初级的化工材料石油焦和少量聚丙烯，还没有进行深加工。总的来看，其化工新材料产业基础较差。

6.8.2 葫芦岛市石化产业链发展建议

(1) 建议加强精细化工产业发展

以葫芦岛为中心的环渤海地区是我国聚氨酯生产的四大板块之一，生产基础良好，产品品种多、产量大。建议葫芦岛围绕聚氨酯生产产业链，加快精细化工产业发展。一是发展聚氨酯原料生产产业。聚氨酯以TDI、MDI和聚醚多元醇为主要原料，其中TDI等原料供不应求，生产前景较好。葫芦岛可发展原料产业，以促进聚氨酯产业发展。二是发展聚氨酯下游产业。聚氨酯可用于生产水性涂料、黏合剂等建筑材料，葫芦岛可在现有工业助剂和添加剂生产的基础上，发展聚氨酯类助剂和水性涂料。三是继续发展现有农药、表面活性剂产业，将精细化工产业做强做大。

(2) 建议控制炼油规模，做精化工

葫芦岛的原油加工能力和炼化水平与锦州相当，随着全球范围内油品需求的增速放缓，高端石化产品需求的增速加快，建议葫芦岛控制炼油规模，增加化工产品。建议做好聚氨酯及其下游产业的规划工作，争取将葫芦岛建成具有特色的聚氨酯相关产品生产基地。

（3）建议加强节能环保恢复沿海生态

葫芦岛的海岸线长261千米，是中国优秀旅游城市、国家森林城市、国家级园林城市。为了响应习近平总书记提出的全面加强生态环境保护，打好污染防治攻坚战，提升生态文明，树立绿色发展的生态文明理念，建议葫芦岛注重发展环保型和生态型石化产业，把葫芦岛建设成为生态宜居的海滨城市。

6.9 沈阳市布局

6.9.1 沈阳市石化产业链现状及存在的问题

沈阳市最具规模的石化企业是沈阳化工股份有限公司。沈阳化工股份有限公司现有140万吨/年常压蒸馏、50万吨/年催化热裂解等11套生产装置。其主要产品包括工业用丙烯、重质液体石蜡等17种石油化工产品，远销国内10余个省区。

沈阳化学工业园区以制药、涂料和高端专用化学品生产为主导产业。总的来看，沈阳橡塑产业和生物医药产业基础较好，炼化产业基础弱，缺乏竞争力。

（1）橡塑产业基础好

近年来，沈阳化学工业园区已累计投资约300亿元建设橡胶制品项目，达产后年销售收入可达460亿元，主要生产特种轮胎、汽车橡胶制品等产品。未来，沈阳化学工业园区将成为全球技术领先、国内产业集聚度最高的橡胶产业基地。

（2）生物医药基础好

近年来，沈阳市将生物制药产业作为重要的战略性新兴产业来发展，借助持续的高研发投入和不断提升的创新研发能力，沈阳的生物制药产业已驶入发展快车道。生物制药产业研发强度达4.6%，远高于全市工业研发强度的平均水平。

2018年，北方生物医药科技谷项目在中德（沈阳）高端装备制造产业园启动，重点建设生物医药研发基地、生物药国际CMO基地等。近年来，辽宁成大生物已成长为世界最大的人用狂犬病疫苗生产商，国内市场占有率达47.3%；沈阳三生制药生产的特比澳是全球第一个独家上市的促进血小板生成产品、国家一类新药。当前，沈阳正加速打造国际化医药企业集团，支撑并带动沈阳生物制药产业高质量发展。

（3）炼化基础弱，缺乏竞争力

目前，沈阳化工股份有限公司仅有140万吨/年常压蒸馏装置，加工能力弱，没有像中石油那样的大型炼厂，总体炼化基础弱，缺乏竞争力。没有了“油头”，往下做“化尾”深加工就成了无米之炊。

6.9.2 沈阳市石化产业链发展建议

（1）建议做大做强橡塑产业

在沈阳橡胶工业园的基础上，建议政府做好普利司通、米其林、三橡股份、沈阳城市公用集团橡胶制品、赛轮（沈阳）轮胎等轮胎企业的发展规划工作，做强做大沈阳橡胶工业园，把沈阳建设成为中国重要的橡胶轮胎生产基地。

（2）建议做精生物医药产业

在沈阳市现有生物医药产业的基础上，建议继续加大发展力度，做精生物医药产业。

一是选择重点研究方向和领域，在重大新药和核心技术研发上实现突破。学习发达国家医药企业的成功经验，将力量集中在几个细分市场上，鼓励开发具有自主知识产权的产品。立足实际，集中力量研发治疗我国发病率和死亡率高的疾病药物。

二是完善生物医药技术基地建设，通过政产学研金介有机结合，建立生物医药研发战略联盟。健全生物医药产业链，壮大辽宁生物医药的企业规模和实力，逐步形成生物医药技术产业集群。

三是充分发挥龙头企业的带动作用，加快新药科研成果的产业化进程。一方面，要大力扶持龙头企业进一步提升新药研发能力，研发一批高水平生物新药。另一方面，辽宁生物医药领域为数众多的中小企业也拥有一批技术水平先进的试验阶段的新药，中小型医药生物技术公司在研发出新产品后，应支持其与资金、技术强大的大公司以联盟的形式进行合作，整合各自的优势资源，以达到快速研发、规模生产并成功营销的目的。

（3）建议做好节能环保工作，恢复生态环境

基于沈阳省会城市的地位，建议在现有基础上重点发展化学药品制剂制造、轮胎制造等产业；同时，大力发展高端专用化学品产业，尤其是利用抚顺等地丰富的精细化学品资源，生产高端化妆品。在发展高端化工产业的同时，也要积极响应习近平总书记提出的全面加强生态环境保护，建设生态文明，树立绿色发展的生态文明理念，逐步恢复生态环境。

7
促进辽宁石油化工产业创新链建设

推进产业基础高级化、产业链现代化，是坚持壮大实体经济、加快建设现代化产业体系的必然要求。习近平总书记在江苏考察时强调“全面提升产业基础高级化和产业链现代化水平”，为当前和今后一个时期推动我国产业发展和产业升级指明了方向。结合石油化工产业创新链存在的问题，辽宁合理部署产业创新链，强化科技的支撑、引领作用，实施产业基础再造工程，从而进一步促进创新链与产业链深度融合，在开放合作中形成更强创新力、更高附加值的产业链。

7.1 产业链发展现状及创新链总体情况

7.1.1 产业链发展现状

辽宁是全国炼化工业的发祥地，拥有辽河油田，临近大庆油田，拥有丰富的沿海港口优势，原油、成品油管道建设比较完备，是中俄原油东线管道的加工桥头堡，经过多年的发展，石油化工产业已成为全省工业的重要支柱。

从国内来看，辽宁是石化大省。辽宁拥有规上炼化企业15家，中石油旗下有7家炼油企业。2020—2022年，辽宁原油加工量分别为10 276.3万吨、10 397.0万吨和9 738.8万吨。2023年1—6月，辽宁原油加工量累计4 874.4万吨，排在全国第二位。2021年汽油产量达2 091.80万吨；2022年汽油产量为1 667.8万吨，比上年下降20.3%。2010—2021年，辽宁柴油年均产量为2 257.97万吨，复合增长率达1.11%。2022年柴油产量达2 772.9万吨，比上一年增长12.3%。2023年1—3月，辽宁规上企业柴油产量同比下降了9.6%，为619.8万吨，增速较2022年同期低43.8个百分点，增速较同期全国低26.5个百分点。2020年辽宁煤油产量为409.5万吨；2021年产量为363.1万吨，同比下降11.3%；2022年产量为292.6万吨，比上年下降19.4%。2023年辽宁乙烯产量达389.18万吨，位列全国第3位。

辽宁石油化工产业链以石油为原料，经过炼制加工生产出成品油、燃料油、润滑油等能源类产品；同时，对烯烃、芳烃等有机化工原料进行精深加工，生产出合成材料、精细化学品等品种繁多的化工产品，为下游的轻工纺织、汽车、电子信息等产业提供配套保障。

辽宁的石油化工产业链如图7-1所示。

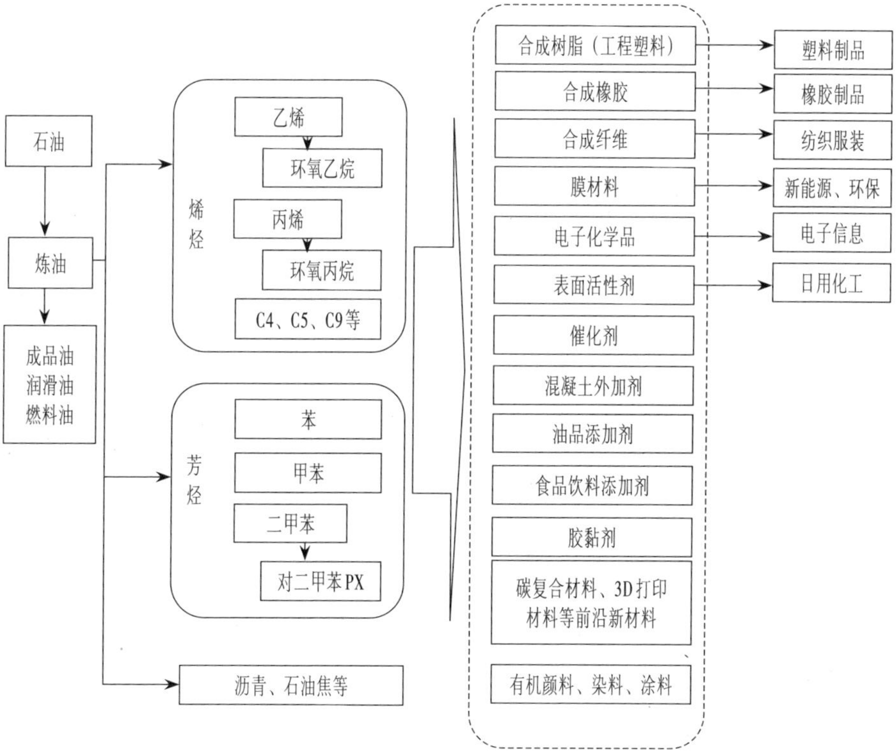

图7-1 石油化工产业链

近年来，辽宁石化产业取得了长足的发展，为辽宁社会和经济发展作出了巨大的贡献。但是石化产业仍然存在短板和不足，主要表现为石化产业链条短、石化产品结构不优化、精细化程度低等。尽管辽宁对石化产业进行了结构性调整，产品结构进一步优化，但是结构性矛盾依然没有得到根本解决。

7.1.2 创新链总体情况

（1）石油化工产业创新链现状

①产业链上游：石油开采及加工

石油开采业以辽河油田为主，原油生产能力达1 000万吨/年，占全国总产能的5%。其中，中石油在辽宁的7家炼油厂等大型炼化企业，原油加工能力约1.3亿吨/年，占全国总产能的15%，目前加工的原油主要包括大庆油（15%）、辽河油（10%）、俄油（25%）、其他进口油（50%）。

②产业链中游：基础化工原料

近年来，辽宁大力推进炼油行业“减油增化”，基础化工原料供给能力得到显著提升，部分烯烃、芳烃原料供给能力已跃居全国前列。其中，乙烯产能、PX产能、PTA产能均列全国第一位。相对而言，环氧乙烷、环氧丙烷原料供给能力存在短板。

③产业链下游：合成材料及精细化学品

全省现有规模以上化工材料及制品企业500余家，涵盖合成材料、专用化学品、化肥农药等领域，主要产品包括合成树脂（产能约600万吨/年）、合成橡胶（产能45万吨/年）等。

（2）产业创新链布局及园区情况

辽宁石化产业的空间总体布局是“5+4”的格局，即5个沿海城市，包括大连市、营口市、盘锦市、锦州市和葫芦岛市；4个内陆城市，包括鞍山市、辽阳市、沈阳市和抚顺市。其中，大连、盘锦两市主营业务收入占全省的比重接近2/3。大连长兴岛（西中岛）石化产业基地为国家七大石化产业基地之一；盘锦辽滨沿海经济开发区也经工信部批准为“国家新型工业化产业示范基地”，并逐步发展成为大连石化产业基地的拓展区。此外，辽阳芳烃及精细化工产业化基地也被工信部批准为“国家新型工业化产业示范基地”。

（3）重要创新平台及创新团队建设情况

目前，全省石化行业拥有国家级企业技术中心4家、省级企业技术中心104家；有3个国家级重点实验室、3个国家级工程技术研究中心、44个省级重点实验室、65个省级工程技术研究中心；2个产业（技术）校企联盟，9个技术创新与产业化公共服务平台。

支撑石油化工行业创新链的省内科研院所主要有中科院大连化物所、大连理工大学、辽宁石油化工大学、沈阳化工大学、沈阳化工研究院等。

辽宁省石化行业重要创新平台及其优势方向见表7-1。

表7-1 **重要创新平台及优势方向**

类别	重要创新平台	优势方向
国家级企业技术中心	大化集团有限责任公司	氯碱化工、化肥
	辽宁恒星精细化工有限公司	纺织化学品
	辽宁奥克化学股份有限公司	环氧乙烷深加工
	北方华锦化学工业集团有限公司	炼油、合成材料、沥青、化肥
国家级重点实验室	大连理工大学精细化工国家重点实验室	精细化工、高分子材料
	中科院大连化物所催化基础国家重点实验室	催化剂、催化材料
	中科院大连化物所分子反应动力学国家重点实验室	分子反应动力学

续表

类别	重要创新平台	优势方向
国家级工程技术研究中心	中科院大连化物所低碳催化技术国家工程研究中心	煤化工、甲醇制烯烃、甲烷
	中科院大连化物所国家催化工程技术研究中心	催化剂、催化材料
	中科院大连化物所膜技术国家工程研究中心	膜材料
技术创新与产业化公共服务平台	辽宁省催化产业共性技术创新平台	催化剂和催化过程的中试放大
	化石能源清洁化利用关键技术研发平台	新型洁净能源技术创新与产业化服务
	辽宁省精细化工产业共性技术创新平台	精细化工技术创新与产业
	辽宁省石化产业技术创新研究院	精细化工、高分子技术创新与产业
	辽宁省光学薄膜材料专业技术创新中心	光学薄膜材料
	辽宁省橡胶弹性体重点实验室	橡胶材料
	辽宁省高性能树脂材料专业技术创新中心	树脂材料
	大连理工齐旺达化工科技有限公司精细化工技术研发公共服务平台	精细化工关键共性技术研发
	鞍山精细有机新材料产业园研发检测中心	染、颜料产品技术研发与检验

7.1.3 存在的问题

（1）产业链延伸发展不足

辽宁石油化工产业总体上呈现出“油头大、化身小、产业链短”的结构状况，石油加工业占比超过70%，产业链延伸不够，主要集中在中、上游，下游精深加工发展严重滞后。例如，全省聚烯烃化工新材料、低端通用材料占比超过80%，高端专用材料占比不足20%，与其他省区的差距较大。茂金属系列聚烯烃弹性体、改性树脂、高性能纤维等高端化工新材料产量少，质量不稳定，绝大部分都靠进口供给。

（2）产业链总体精细化程度低、产品附加值低

辽宁超过80%的石化产品为原油、成品油等能源类产品和乙烯、丙烯等基础化工原料，技术含量和附加值较高的化工新材料、专用化学品发展相对缓慢，产值占比仅为1%左右。

（3）缺少多学科交叉的创新技术与创新平台

石油化工产品的研发涉及多学科领域，目前辽宁尚缺基于多学科交叉的关键理论与技术协同创新平台。该现状制约了部分高精尖领域核心技术的开发，难以改变国外封锁的现状。

7.2 发展思路和重点任务

7.2.1 发展思路

到2024年年底，产业创新链进一步夯实，大型油气储运等保障设施进一步完善，炼化产能向优势地区和企业进一步集中，“减油增化”步伐进一步加大，烯烃、芳烃等基础化工原料供给进一步增强，产业链下游精深加工产业实现较快发展，部分关键核心技术取得突破，行业智能制造、绿色制造水平得到显著提升。

到2025年年底，实现石油化工产业创新链全面发展，化学工业占全行

业的比重显著提高，高端产品实现规模化生产，智能工厂、绿色工厂建设取得突破性进展，培育出一批单项冠军企业。世界级石化产业基地建设取得阶段性进展，成为具有国际竞争力的重要战略能源保障基地、国家重要的化工原材料及精深加工基地。

7.2.2 重点任务

（1）延伸石油化工产业创新链，研发下游高附加值产品深加工技术

①芳烃-聚酯深加工产业创新链

充分利用辽宁PX、PTA的资源优势，集中优势力量和科研人员加快PTA下游高附加值产品的开发，研发具有自主知识产权的PTA法制PET工艺，加速PTA在省内的转化，完善和强化PETG、PBT、PTT等聚酯产业链，继续巩固和扩大辽宁在PX、PTA方面的优势地位。

②聚烯烃及深加工产业创新链

着力研发溶液法POE生产工艺、POE核心催化剂、溶液法POE聚合等关键技术；加快高性能聚烯烃催化剂的开发；在聚丙烯催化剂方面，重点提升高结晶抗冲聚丙烯、高熔体强度聚丙烯的占比，增强辽宁石化企业的竞争力。

③环氧生产及下游化学品产业创新链

夯实产业链基础，推进重点企业扩大环氧乙烷、环氧丙烷产能，推进HPPO法环氧丙烷创新技术的产业化，攻克环氧生产关键原料双氧水的先进清洁生产技术，实现戊基蒽醌国产化，替代国外进口；发展环氧下游锂电池电解液、混凝土外加剂、多晶硅切割液、医用辅料等产品的深加工技术。

④高附加值精细化学品产业创新链

着力攻克一批“卡脖子”核心技术，研发半导体生产的关键材料光刻胶、高纯电子（蚀刻）气体等电子化学品生产技术；围绕辽宁烯烃、芳烃优

势产业，重点发展下游有机颜染料、己内酰胺、C5/C6二元醛/酸/腈、医药中间体、农药中间体等高附加值精细化学品清洁合成工艺技术，延伸下游产业链，优化辽宁石化产业布局。

（2）补强石油化工产业创新链短板，培育、打造高端化工新材料

①特种工程塑料产业创新链

面向金属材料替代、塑料合金、关键工程机械零部件材料等应用领域，打破国际技术壁垒，加大科技研发力度，进行产学研用合作，重点突破产品生产关键技术，推进产业化，改变依赖国外进口的现状，提高我国高端化工材料的核心竞争力。

②高性能合成纤维产业创新链

设计、研发不同规格的高性能滤芯材料，实现对催化油浆中催化剂固体颗粒的高效过滤去除；利用催化油浆芳香烃特性，研发超高分子量聚乙烯催化剂与聚合工艺，以及超高分子量聚乙烯纤维纺丝技术，助力辽宁聚乙烯树脂的高附加值产品开发，推动辽宁石化产业高质量发展。

③特种合成橡胶产业创新链

面向轮胎、橡胶零件、医疗材料等应用领域，着力研发丁腈橡胶环保化生产技术和三元共聚制丁腈橡胶工艺，填补辽宁在特种橡胶领域的短板；继续提升产品质量，加快下游产品的应用开发，实现进口替代；开发高品质橡胶油，提升辽宁橡胶产业的综合竞争力。

④高性能膜材料产业创新链

着力攻克一批关键核心技术，重点发展燃料电池用离子（质子）交换膜，解决我国高端聚酰亚胺和CPI薄膜生产领域的“卡脖子”问题；充分利用辽宁在聚酯行业的发展基础，延伸辽宁聚酯薄膜产业链，实现辽宁膜材料产品快速高质量发展。

⑤石油化工催化剂产业创新链

针对轻烃、芳烃下游产业链延伸的新工艺，发展高性能专用石油化工催

化材料，重点发展钛硅分子筛催化剂、DMTO制备低碳烯烃催化剂；针对现有催化工艺的环保问题，开发可替代腐蚀性质子酸的新型固体酸催化剂，发展环保型SCR脱硝催化剂、煤化工催化剂，为石油化工产业创新链的快速发展提供有力的配套保障。

⑥石油化工助剂产业创新链

随着我国炼油与化工产业的快速发展，各类石油化工助剂呈现出低端产品严重过剩、高端产品短缺的局面。石化助剂产业创新链充分利用现有专用化学品的生产基础，着力发展油田高端专用化学品，实现高端助剂国产化，替代进口。

7.3 促进创新链建设的举措

7.3.1 2024—2025年工作措施及进度安排

（1）强化高端精细化学品发展

充分利用辽宁石化炼化行业的相关原材料资源，大力发展高端精细化学品。重点推进HPPO法环氧丙烷创新技术的产业化，攻克环氧化物生产的关键原料双氧水的先进清洁生产技术。同时，加快碳酸甲乙酯、碳酸二甲酯等产品的工业化进程；推进高性能颜料染料、己内酰胺等高附加值精细化工产品的技术攻关，并尽快实现工业化生产。

（2）加快高性能纤维和膜材料的研究

充分利用辽宁的催化油浆资源，推进高通量和高精度催化油浆过滤技术开发，开发针状焦-沥青基碳纤维的生产工艺，实现催化油浆的高值化利用。同时，研发超高分子量聚乙烯催化剂与聚合工艺，以及超高分子量聚乙烯纤维纺丝技术，加快辽宁高性能纤维的产业化进程。

（3）巩固石油化工催化剂和助剂的竞争力

基于中科院大连化物所在DMTO/DMTE、合成气制低碳烯烃等高性能催化剂方面的研究成果，继续加强技术研发与工业化应用，引领行业发展。重点发展钛硅分子筛、新型固体酸催化剂，为石化行业轻烃和芳烃下游产品的开发提供性能优异的催化产品。同时，加强环保型SCR脱硝催化剂、煤化工催化剂的研究。

7.3.2 保障措施

（1）加快建设多学科交叉的产业创新平台，打造石化产业中试基地

充分利用辽宁石化产业技术创新研究院的产-学-研合作机制，建设多学科交叉的关键理论与技术协同创新平台。同时，建设具有国际领先水平、产-学-研一体化的石油化工产品中试放大与工程化研究平台，打造石油化工科研成果孵化器，使其成为高校、科研院所小试成果到企业产业化转化的桥梁，有效促进科研成果的转化。

（2）增设石油化工类博士点，全层次培养石化科技人才

针对省内石油化工类博士数量严重不足，无法满足石化行业发展的实际，建议辽宁增设石油化工类博士点，增加应用型高端人才数量。增设应用型博士点应以石油化工特色为依托，紧紧依靠石油石化高校培养石油化工类博士。

（3）创新石化供应链融资体系，降低石油化工发展成本

依据延伸石化产业链特色及当前构建“国内国际双循环”发展格局，创新石化产业供应链融资体系，降低辽宁石油化工产业创新链发展成本。建立辽宁石化产业金融服务有限公司，利用产业链的核心企业信用，融合商业保理、融资租赁等业务，以发展石化产业链为依托，为上下游企业的应收账款

融资，缩短下游企业的应收账款周期，降低核心企业运营成本。

（4）外引内培双向发力，探索多层次石油化工高端研发人才发展战略

聚焦石油化工发展战略，为石油化工高端人才营造良好的生态环境，持续制定切实可行的人才政策。积极为石化企业提供人事代理服务，办理工作调动以及代办养老保险等业务，解除各类人才到企业工作的后顾之忧；进一步完善人才流动机制，打破人才身份、所有制限制，清除影响人才流动的政策性壁垒，形成有序的人才柔性流动机制。

（5）完善石化产业技术研发的科技保险体系，解除石化产业技术创新、转化的后顾之忧

进一步构建、完善辽宁石化产业科技保险体系，设立科技保险专项基金，对保险机构承保的石化企业重点领域的技术研发给予风险补偿等资金支持。将科技保险作为保险机构考核指标的加分项，鼓励保险机构开展石化产业技术研发的保险业务。同时，提升科技研发企业的保险意识，实现科技保险分散、转移科技研发风险的目的。

8
加快推进“减油增化”“减油增特”

辽宁石化产业规模大、基础厚，原油加工能力居全国第二位，乙烯产量居全国第五位，PX产能居全国首位。石化产业既是全省三大支柱产业之一，也在全国“石化链”中发挥着不可或缺的作用，是国家能源安全的重要保障。

近年来，全球大宗石化产品的市场需求已饱和。世界经济进入下行周期，石油需求增长放缓，各国迫于经济下行压力开始扩张石化行业产能。预计交通用油需求量于2030年前后达到30亿吨左右的峰值，2050年缓慢下降到28.4亿吨。未来燃料油需求增长空间有限，规模小、非炼化一体化石化企业将被淘汰。与燃油需求饱和不同的是，伴随发展中国家的经济增长，化工材料的需求将持续增长。总体上，大宗石化产品的需求已经饱和，供给大于需求的情况难以改变，各国石化产业链必然向下游技术含量高的精细化工产业延伸。

在能耗双控和“双碳”目标的背景下，能源清洁替代、能源消费电能替代、车辆节能和燃油替代加速发展，原油加工过程成品油产率将逐年下降，减油增化趋势明显。在国家发改委等四部门发布的《关于促进炼油行业绿色创新高质量发展的指导意见》中，明确强调了炼油行业到2025年10亿吨产能红线。

中国石化行业在“十四五”期间预计成品油将增产5 000万吨左右，需求仅增加2 400万吨。全国6个石化经济强省持续加码石化产业，浙江省总投资为5 147.29亿元、辽宁省总投资为2 484.58亿元、广东省总投资为4 395亿元、江苏省总投资为2 260亿元；投资方向基本上都是大宗石化产品，各省石化产业同质竞争加剧，未来5～10年国内石化产业将经历行业重构，江苏、浙江和广东三省石化产业中的化学原料和制品营收比重高，目前处于竞争优势地位，其他省份在这一期间石化产业结构调整压力巨大。

随着全国炼油产能的过剩、市场需求的变化，辽宁石化产业“炼”有余而“化”不足的短板愈发突出。推进减油增化、增特是辽宁炼油企业实现生存、发展的关键所在。《辽宁省深入推进结构调整“三篇大文章”三年行动方案（2022—2024年）》提出：“大力发展精深加工，重点发展11大类精细化工及化工新材料产品，支持重点产业化项目和中试基地建设。”在全球、全国石化产业“减油增化”“减油增特”的浪潮中，辽宁石化要始终保持并不断扩大自身的产业优势，转型任务艰巨而紧迫。

8.1 辽宁石化行业“减油增化”“减油增特”现状

8.1.1 国内成品油市场需求情况

中国石油和化学工业联合会的数据显示，2022年中国汽油表观消费量13 272.4万吨；柴油表观消费量为18 076.1万吨；煤油表观消费量为1 969.2万吨，同比下降39.0%。中国成品油出口量连续3年下降，2022年汽油、柴油出口量分别下降13.1%和36.4%。中国成品油需求呈现出“汽缓、煤增、柴降”的格局，成品油需求增长已经接近触顶。我国七大炼化基地将陆续建成，预计2025年中国成品油产量将达到4.04亿吨左右。而辽宁新兴炼化基地还在建设之中，成品油过剩的态势将持续保持。

8.1.2 石化产业规上企业工业增加值情况

2021年辽宁省石化产业增加值比上一年增长0.3%，占规模以上工业增加值的比重为20%；2022年全省石化产业增加值比上一年下降3.5%，占规模以上工业增加值的比重为33.6%；2023年全省石化产业增加值比上一年增长4.9%。从增速看，辽宁省石化产业整体上呈现下降趋势，2023年有所回升；从占规模以上工业增加值的比重看，2022年有所回升。

辽宁省近六年规模以上石化产业增加值增速变化情况如图8-1所示。

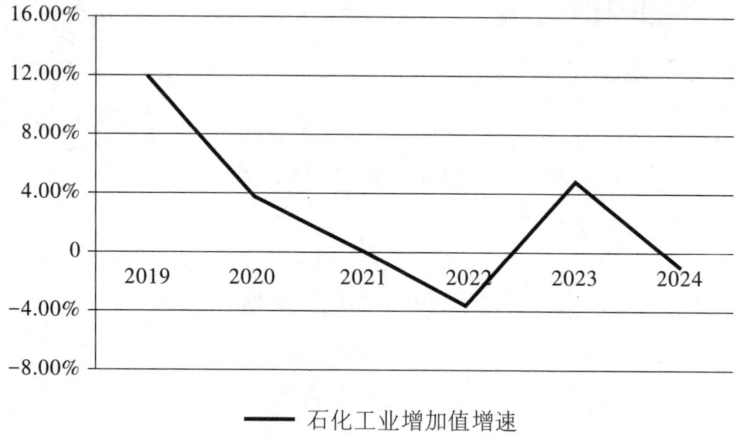

图8-1　2019—2024年辽宁规上石化产业增加值增速

8.1.3　辽宁成品油产能情况

（1）规上企业原油一次加工能力

辽宁省现拥有规上炼化企业15家，中石油旗下有7家炼油企业。2020—2022年，辽宁原油加工量分别为10 276.3万吨、10 397.0万吨和9 738.8万吨。2023年1—6月，辽宁原油加工量累计4 874.4万吨，排在全国第二位。辽宁规上企业原油一次加工能力见表8-1。

表8-1　**辽宁规上企业原油一次加工能力**　单位：万吨/年

序号	产品名称	企业简称	省份	产能
1	原油一次加工能力	盘锦北燃	辽宁	2 280
2	原油一次加工能力	大连石化	辽宁	2 050
3	原油一次加工能力	恒力石化	辽宁	2 000
4	原油一次加工能力	盘锦浩业	辽宁	1 630
5	原油一次加工能力	抚顺石化	辽宁	1 100

续表

序号	产品名称	企业简称	省份	产能
6	原油一次加工能力	大连西太	辽宁	1 000
7	原油一次加工能力	辽阳石化	辽宁	900
8	原油一次加工能力	锦西石化	辽宁	650
9	原油一次加工能力	锦州石化	辽宁	650
10	原油一次加工能力	北方华锦	辽宁	600
11	原油一次加工能力	辽河石化	辽宁	550
12	原油一次加工能力	宝来生物能源	辽宁	430
13	原油一次加工能力	大连锦源	辽宁	220
14	原油一次加工能力	沈阳蜡化	辽宁	140
15	原油一次加工能力	中海沥青（营口）	辽宁	100

（2）成品油产量

2019—2024年辽宁汽油产量逐年下降（2021年除外）；2019—2022年柴油产量逐年上升，2022—2024年柴油产量逐年下降；2019—2022年煤油产量逐年下降，2023年有所回升，但2024年又呈下降态势。预计到2025年，我国成品油产量将达4.04亿吨，辽宁成品油产能将持续过剩（见表8-2）。

表8-2　**2019—2024年辽宁成品油产量**　单位：万吨

产品名称	2019年	2020年	2021年	2022年	2023年	2024年
汽油	1 789.1	1 766.9	2 091.8	1 667.8	1 575.8	1 121.0
柴油	2 146.8	2 223.1	2 468.3	2 772.9	2 625.9	2 275.7
煤油	768.9	409.5	363.1	292.6	411.7	334.6

8.1.4 基础化工材料、精细化工和新材料情况

（1）基础化工材料

中国是乙烯、丙烯和丁二烯净进口国，2023年中国纯苯整体供给较为充足，甲苯市场整体供过于求，2023年产量为1 981万吨，同比增加53.76%，出口量50.8万吨；邻二甲苯市场供需基本稳定；2023年我国PX产量为3 272万吨，同比增长18.3%。

2023年，我省乙烯产能占全国产能的10.23%，丙烯、丁二烯、纯苯、甲苯产能分别占全国产能的6.7%、11.79%、16.16%和21.76%，对二甲苯产能占比高达21.85%（见表8-3）。

表8-3　2023年辽宁基础化工材料产能占全国的比重

名 称	全国产能（万吨）	辽宁产能（万吨）	占全国产能比重
乙 烯	4 371	447	10.23%
丙 烯	5 223	350	6.7%
丁二烯	577	68	11.79%
纯 苯	1 900	307	16.16%
甲 苯	1 981	431	21.76%
邻二甲苯	158	26	16.46%
对二甲苯	3 272	715	21.85%

（2）精细化工及化工新材料

辽宁省精细化工产品涵盖精细化工行业的各个门类。近三年，辽宁石化产业精细化率呈上升趋势。截至2023年6月，全省精细化工精细化率达到46.1%。2019—2022年，辽宁精细化工行业“小巨人”企业获批46家，化学原料和化学制品制造企业占82.61%。当前，我国精细化工产品供给严重不足，精细化工产品进口量较大，如天然脂肪醇进口占比常年在49%以上。

近年来，我省在化工新材料领域取得了长足的发展。聚乙烯树脂、聚丙烯树脂等传统化工材料高端品种蓬勃发展；超高分子量聚乙烯工业化生产取得突破；氟材料产业具备一定的发展基础。但高端聚烯烃树脂催化剂需进口、化工新材料专用料比例低、工程塑料种类少等问题亟待解决。

对于技术含量相对较高的合成氨、氮磷钾肥、农药等，辽宁省在全国的占比都在1%左右，显著低于辽宁的石油加工能力；2022年，辽宁初级形态的塑料产量占全国的比重达到4.74%，明显高于其他精细化工产品，而且大多数传统精细化工产品2022年相对于2021年占全国产量的比重都略有上升，但是在全国精细化工产量中的比重还是远低于石油加工能力的比重，见表8-4。

表8-4 **辽宁部分石化产品产量占全国比重表**

类别	辽宁		辽宁化工产品占全国比重	
	2021	2022	2021	2022
农用氮、磷、钾化肥产量（万吨）	37.1	31.0	0.67%	0.56%
化学农药原药产量（万吨）	2.9	3.6	1.16%	1.14%
初级形态的塑料产量（万吨）	401.3	542.67	3.58%	4.74%
合成洗涤剂产量（万吨）	7.6	7.0	0.71%	0.65%
化学纤维产量（万吨）	23.4	10.1	0.35%	0.15%
橡胶轮胎外胎产量（万条）	3 078	3 021.6	3.41%	3.52%

8.1.5 政策扶持情况

（1）国家层面

2022年3月28日，工信部、国家发展改革委等六部门发布了《关于“十四五”推动石化化工行业高质量发展的指导意见》。意见提出，有序推进炼化项目“降油增化”，延长石油化工产业链。2023年8月，工业和信息化部、国家发展改革委等7部委联合发布《石化化工行业稳增长工作方案》。方案指出：坚持供给提质与需求升级相结合，增强专用化学品和化工新材料的保障能力；同时，在加强政策统筹等方面提出保障措施。

（2）省级政策方面

2022年，辽宁统筹省科技专项资金5 700万元，对5家精细化工领域省级中试基地和中试验证项目给予补助。在数字辽宁智造强省专项资金中，设立精细化工产业专项，支持中试基地建设和精细化工产业化项目，共补助2 441万元。2022年2月，辽宁省政府印发了《辽宁省深入推进结构调整"三篇大文章"三年行动方案（2022—2024年）》，提出延长石化产业链，推进中石油在辽炼化企业"减油增化"转型发展，大力发展精深加工。2022年6月，《辽宁省石化和精细化工产业发展实施方案》出台，方案指出，我省将着力解决"炼"有余而"化"不足、"粗"有余而"精"不足的结构性矛盾，建成世界级石化和精细化工产业基地。

（3）地方政策方面

2023年4月，盘锦市出台了《盘锦市打造石化及精细化工全产业链三年行动专项方案（2023—2025年）》，按照推进"减油增化、减油增特"总体要求，筑牢炼化一体化及基础化工、精细化学品和润滑油产业根基；2023年7月，《抚顺市碳达峰实施方案》印发，方案指出，积极推动抚顺石化"减油增化""油蜡联产"项目建设等。

8.1.6 科技研发情况

（1）研发机构情况

在石化产业领域，辽宁有国家重点实验室4个、国家级科技创新平台8个；有省级及以上企业技术中心80个、国家级企业技术中心4家。大连理工大学、中科院大连化学物理研究所、沈阳化工大学、辽宁石油化工大学、大连合成纤维研究设计院、抚顺石化研究院、锦西化工研究院等专门的科研院所和机构在石化领域的研究成果丰硕。

（2）中试基地情况

2022年，辽宁省科技厅认定省级典型示范科技成果转化中试基地4家，石化类3家；省级科技成果转化中试基地18家，石化类2家。2023年，认定省级科技成果转化中试基地14家，石化类2家；省级科技成果转化中试基地培育对象25家，石化类4家。目前，含培育基地在内，全省共有省级中试基地61家，石化类11家，其中大连、盘锦、抚顺各2家，沈阳、阜新、朝阳、辽阳、营口各1家。

8.1.7 各市“减油增化”“减油增特”情况

（1）盘锦市项目

盘锦市优化石化及精细化工产业结构，持续推进“减油增化”“减油增特”。聚芳醚酮项目是辽滨沿海经济技术开发区精细化工、新材料项目的样板。辽滨沿海经济技术开发区积极构建基础石化原料深加工产业体系，大力培育特色化工新材料产业、高端专用化学品产业等集群，目前已形成合成树脂、合成橡胶、合成纤维、功能助剂、新能源材料五大产业集群，涵盖通用塑料、特种工程塑料、合成橡胶等13个领域。2022年，盘锦规上石化及精细化工企业营业收入占全省的22%。2023年3月，精细化工及原料工程项目开工，总投资837亿元。

（2）辽阳市项目

辽阳石化公司以“减油增化”“减油增特”“减油增材”“基础+高端”协同发展为总体思路，打造以高端PETG、功能性聚酯、可降解聚酯为主的聚酯特色新材料基地，全力发展特色产业。辽阳石化是PETG国内唯一生产商，占据华东、华南市场的大部分市场份额。

2023年，辽阳石化公司转型升级发展项目分两个阶段进行：第一阶段，乙烯能效达标改造项目、10万吨/年尼龙66项目；第二阶段，120万吨/年特色聚酯新材料及原料配套改扩建工程、20万吨/年尼龙及原料配套改扩建工程、150万吨/年PX项目。

（3）抚顺市项目

抚顺石化以“减油增特”“减油增化”“减碳增绿”作为发展思路。2018年，抚顺油蜡联产项目作为央地合作项目，总投资8.3亿元，并被纳入省万亿级石化和精细化工产业基地项目。2022年，抚顺石化催化剂厂通用加氢催化剂技术升级项目、增产油蜡特色产品改造工程项目、乙烯装置优化调整技术改造及配套工程项目等有序推进。

2023年6月，江苏三木集团65万吨苯酚丙酮产业链项目落户抚顺，总投资86.8亿元，预计2025年年底建成，主要生产苯酚、丙酮、双酚A和PC等化工产品。产品主要应用于医药、农药等领域，年均可实现销售收入100亿元。

（4）大连市项目

2022年11月，大连市政府与中国石油集团签署《大连石化搬迁改造项目合作框架协议》，新项目将分两期在西中岛石化产业基地建设，一期新建1 000万吨/年炼油和120万吨/年乙烯项目，于2024年建成投产，随后启动二期搬迁项目。

恒力260万吨/年的功能性聚酯项目于2023年下半年投产，45万吨可降解塑料项目已部分投产，30万吨己二酸及配套新材料项目已开工建设，年产60万吨BDO项目2023年下半年一期投产，160万吨高性能树脂项目于2023年下半年陆续投产。《大连石化搬迁改造项目合作框架协议》签署后，基地同步签约近20个总投资约500亿元的下游产业项目，加速提升大连市石化产业的整体竞争力。

（5）葫芦岛市项目

锦西石化加快高熔指聚丙烯纤维料1105S试产进度，“破题攻关”生产可用于医用无纺布制造的高熔指聚丙烯纤维料1105S。

葫芦岛市打造千亿级基础化工和精细化工产业集群，规划了以航锦化工为“链主”的氯碱产业链、以世星药化为“链主”的医药产业链、以锦天化为“链主”的化肥产业链、以先达农业为“链主”的农化产业链、以徐大堡核电和佳华新能源为“链主”的新能源产业链。2023年9月，锦西石化新建的100万吨/年连续重整装置进入生产准备阶段，即将具备82万吨芳烃/年的产能。同时，其下游甲苯二异氰酸酯（TDI）产业链以及与航锦化工形成的氢气等循环经济链条初具雏形。葫芦岛市昂“油头”、摆“化尾”，精准产业链招商签约项目7个，投资额30亿元。

（6）锦州市项目

锦州石化以低硫船燃、高品质针状焦、苯乙烯、电子级异丙醇和稀土顺丁橡胶为主打，发展专精特新的高效产品。

在特色发展方面，以“建设世界级针状焦生产基地”为目标，将针状焦产能从15万吨增至35万吨。目前，该项目基础设计已经批复，第三套针状焦装置已于2023年年底装置主体建成，2024年11月产出；2025年5月，针状焦质量提升技术改造项目二期EPC总承包土建工程启动招标，计划同年8月中交。截止到2025年年初，G1和G3、G5电子级异丙醇项目，新建1万吨/年电子级异丙醇装置（G3级、G5级），已从设计阶段转入施工收官期，主装置主体工程接近完成，但配套收尾工程需在7月底前竣工以确保年内投产。

在“减油增化”方面，资源替代转型升级项目开工投产后，全力实施100万吨/年催化装置长周期运行改造、160万吨/年催化装置实施MIP改造以及气分装置丙烯精制单元改造等项目，最大程度实现“减油增化”。项目投产后，每年可压降汽柴油125万吨，产量降至326万吨；增产乙烯互供料26

万吨，达到33万吨；增产芳烃77万吨。

8.1.8 辽宁石化产业经济效益情况

2019—2021年，辽宁省石化主要产业营业收入和利润总额总体呈上升势态（除2021年化学纤维制造业利润总额下降外），化学原料和化学制品制造业、橡胶和塑料制品业均增幅较大，营业收入分别增长121%、135%，利润总额分别增长44%、247%，详见表8-5。2022年辽宁省石化主要产业营业收入和利润总额均呈下降趋势。

表8-5　2019—2022年辽宁石油化工相关产业经济指标　单位：亿元

行业	营业收入				利润总额			
	2019	2020	2021	2022	2019	2020	2021	2022
石油加工、炼焦和核燃料加工业	6 593.2	7 011.9	—	6 678.8	154.5	160.2	—	174.3
化学原料和化学制品制造业	1 226.8	1 974.2	2 714.6	2 112.4	70.9	81.5	102.3	-22.7
医药制造业	419.8	550.0	566.3	437	52.3	61.1	79.6	76.8
化学纤维制造业	19.0	26.8	24.8	5.8	0.1	0.7	-0.2	-2.8
橡胶和塑料制品业	207.5	381.9	487.5	307.5	9.8	10.9	34.0	15.5

8.2 辽宁化工产业“减油增化”“减油增特”存在的问题

8.2.1 “减油增化”“减油增特”配套产业政策不完备

根据《2030年前碳达峰行动方案》，2022年工信部等三部门印发了《工业领域碳达峰实施方案》，明确提出到2025年“减油增化”取得显著成效，新建炼化一体化项目产油比重低于40%。《辽宁省国民经济和社会发展第十四个五年规划和二〇三五年远景目标纲要》和《辽宁省碳达峰实施方案》等文件也明确提出了辽宁“减油增化”“减油增特”的战略目标，即推动具备资本规模优势的大型国企和民企加快“减油增化”“减油增特”工作进程，提高乙烯等通用化工材料和某些大宗特色化工材料的产能比重。

这些文件中提出的淘汰中小型炼化落后产能在实施中面临困境：一是中小型炼化企业资本规模小，无法改造成炼化一体化生产方式；二是直接关停会导致短期内失业人数增加；三是新增通用化工材料产能需要下游深加工中小企业提供的需求市场，但是专用精细化工产品技术含量高，短期内取得技术突破难度大，需要政府在财税、金融等政策上长期扶持，目前辽宁没有制定针对中小型炼化企业“减油增化”“减油增特”的配套产业政策。

8.2.2　缺乏以进口替代为导向的招商引资规划

2023年8月，工业和信息化部等7部门联合发布了《石化化工行业稳增长工作方案》，积极推动在辽央企技术改造，加大重大项目投资力度。辽宁招商引资整体规划未以进口替代为导向，通过辽宁省商务厅网站查询，《辽宁省外商投资指引》中明确了具体招商项目，但没有针对辽宁石化产业招商引资的具体文件，尤其对进口替代为主的招商引资未作明确规定。

8.2.3　传统炼油企业油改化难度大

辽宁是传统的石化大省，2022年，辽宁原油加工量达9 738.8万吨；汽油产量1 667.8万吨，柴油产量2 772.9万吨。辽宁拥有8家石化央企和数量众多的地方国企、民企，目前成品油产能严重过剩，炼油装置整体开工率73%（发达国家达85%），多以炼油为主，改造成炼化为主的石化企业难度较大。例如，大连石化搬迁2014年就计划实施，因牵涉搬迁、资金投入、土地征用、技术、环保论证等事项，困难重重，环评后没有实质进展，直到2022年搬迁项目才重启。

8.2.4 化工园区产业集聚效应不足

（1）化工园区布局分散。辽宁有化工园区31家，分布在全省9个地级市。辽宁的化工园区除了大连长兴岛和盘锦辽东湾石化产能和炼化一体化水平较高外，其他化工园区规模有限。与新加坡裕廊石化产业基地相比，一是难以形成紧密型炼化一体化生产方式，在与国内外中低端大宗石化产品竞争中不具有价格优势（新建的石化企业基本上都是采用紧密型炼化一体化生产方式）；二是环境污染治理难度大，分散的石化园区需要建设独立的工业“三废”治理装置，导致治理成本上升；三是石化产业布局分散，石油原料和石化产品物流成本相对较高。

（2）化工园区入驻率低。辽宁是传统石化大省，早期建设的石化工厂多位于石化园区外，整体搬迁成本高、难度大，导致化工园区入驻率偏低。

8.2.5 产业链延伸不足，产业经济效益差

一是低端石油化工产品产能过剩。辽宁多种初级化工材料产量均位居全国前列，但是初级化工材料的深加工不足。例如，初级塑料产量占全国的5%，但是辽宁本地深加工比例不高，大部分初级塑料运往南方发达省份。

二是高端专用精细化工产品产能不足。例如，在工程塑料方面，仅能生产PA6、PA66等通用工程塑料，高端专用化工材料需要进口。辽宁萤石资源丰富，具备发展氟树脂的资源条件；同时，含氟聚合物可用于耐高低温、耐腐蚀、绝缘和防黏涂层等领域，具有巨大的需求空间，而辽宁企业主要生产氟精细化学品，还不具备生产聚氟乙烯（PVF）、氟橡胶（FKM）等含氟

聚合物的能力。

三是辽宁石化产业经济效益差。辽宁通用化工材料比重大，省内深加工能力不足，多销往南方省份，深加工后返销辽宁，产品附加值相对于沿海的浙江、江苏和广东石化强省差距大，经济效益差（见表8-6）。

首先，以营业收入为基准，辽宁石油加工、炼焦和核燃料加工业的营收占石化相关行业营业收入总额的近70.00%（浙江没有石油开采业，所有数据计算不包含石油开采业）；化学原料和化学制品制造业的营业收入占石化相关行业营业收入总额的22.14%，辽宁相对于浙江“减油增化”任务艰巨。其次，从处于石化产业链下游的医药制造业、化学纤维制造业、橡胶和塑料制品业角度分析，辽宁三个行业的营业收入占营业收入总额的7.86%，而浙江达到45.53%。最后，从石化相关产业整体经济效益指标分析，辽宁石化相关产业利润总额占营业收入总额的2.53%，浙江为6.45%。2022年辽宁石化相关产业营业收入总额为9 541.5亿元，如果石化相关产业利润总额占营业收入总额的比重达到浙江水平，则能够增加利润总额，“减油增化”“减油增特”经济效益显著。

表8-6 **2022年辽宁与浙江石油化工相关产业经济指标比较表** 单位：亿元

行业		资产总计	负债合计	营业收入	营业成本	税金及附加	利润总额
辽宁	石油加工、炼焦和核燃料加工业	3 893.9	2 943.8	6 678.8	5 560.5	793.3	174.3
	化学原料和化学制品制造业	2 163.6	1 440.6	2 112.4	1 981.9	9.1	−22.7
	医药制造业	717.8	219.9	437.0	217.6	3.2	76.8
	化学纤维制造业	20.7	18.7	5.8	6.4	0.2	−2.8
	橡胶和塑料制品业	416.3	205.9	307.5	254.1	2.3	15.5

续表

行业		资产总计	负债合计	营业收入	营业成本	税金及附加	利润总额
浙江	石油加工、炼焦和核燃料加工业	—	—	—	—	—	—
	化学原料和化学制品制造业	9 637.58	5 171.93	7 999.66	7 033.09	216.47	428.7
	医药制造业	3 569.29	1 272.61	1 854.98	1 036.68	12.87	364.3
	化学纤维制造业	3 477.92	2 057.67	3 355.24	3 235.9	5.87	49.61
	橡胶和塑料制品业	1 607.49	782.63	1 475.88	1 250.45	5.62	104.17

8.2.6 未能构建以在辽石化央企为龙头的配套石化产业链

辽宁有8家石化央企，石油加工和初级通用化工材料的生产能力强，在规模、资金等方面具有优势。但是生产过程中的各种技术和商业服务不可能完全内部化，部分业务需要外包。同时，精细化工产品不是大型央企的发展方向，这为中小化工企业留出了发展空间。但是辽宁在围绕石化央企发展配套中小企业方面滞后，导致辽宁石化央企的某些需求外溢到省外。跨地域合作对辽宁石化央企也不是最优选择，这无形中增加了物流成本和信息沟通成本，辽宁中小石化企业也失去了发展机遇，导致辽宁石化产业链不能有效衍生和延伸。

8.2.7 研发投入不足阻碍“减油增化”“减油增特”战略实施

根据相关机构的调查数据，预计交通用油需求于2030年前后达到30亿吨左右的峰值。与燃油需求饱和不同的是，2030年石化原材料需求将占全球石油新增需求的1/3以上，2050年接近50%。高端专用化学品需求增长速度更快，预测中国化工材料需求年均增速达5%左右，高端化工材料需求年均增速8%～10%。当前，我国部分高端专用化学品长期依赖进口。发展高端专用精细化工产品需要长期的研发投资，而辽宁石化企业的研发投资明显不足，辽宁石化企业的研发投入仅为销售收入的1%，精细化工类企业的研发投入占比也就2%，而发达国家石化企业R&D投入达到5%，精细化工类企业该项占比达到10%～20%。

8.2.8 石化领域科研优势未能转化为产业转型升级动力

辽宁石化产业科研实力在全国位居前列，拥有大连理工大学、辽宁石油化工大学等高校及中科院大连化物所、沈阳化工研究院等研究机构；拥有一大批国家重点实验室和工程技术研究中心、科技创新平台，还有合计近200家的省级实验室、省级工程技术研究中心和省级企业技术中心。辽宁在精细化工的多个领域都具备较强的研发实力，但是根据整理的调查资料分析，辽宁只有催化剂、工程塑料等部分精细化工产品具有一定的市场竞争力，说明辽宁石化领域的研发优势没有转化为产业转型升级的动力，究其原因主要有：

一是企业技术需求和高校研发资源未完全匹配，研发成果转化为生产力的比率较低。辽宁石化产业科研机构的成果本地转化率都较低，省内校企之间的合作并不紧密充分，校企之间的科研成果转化通道不畅。

二是产学研长期合作机制不健全。辽宁的高校和科研机构与石化企业有广泛的合作，对辽宁石油化工大学部分教师的调研发现，高校教师与石化企业（省内外）的科研合作方式比较单一，不适合具有颠覆性的重大项目的研发合作。对于风险大的研发项目，无法在研发初期确定其是否能研发成功，多长时间能研发成功，这决定了研发合同条款内容不容易确定，只有风险共担、利益共享的长期合作机制才适合这样的合作项目，但是国内相关法律、法规对科研人员的保护不力。

三是缺少多学科交叉的创新技术与创新平台。石化产品研发涉及多学科领域交叉，辽宁尚缺少基于多学科交叉的理论和技术协同创新平台。例如，光刻胶需要电子科学和化学科学交叉，化工科研工作者需要了解集成电路工业需要的化学品应该具备哪些独特的性质，这样的交叉合作能够提高电子化学品研发的成功概率。

8.2.9 高端研发人才培养不足

石化产业研发新产品、提高生产工艺水平需要高端人才，满足高端人才需求有两个方案：一是吸引高端石化人才流向辽宁；二是自己培养高端石化人才。辽宁目前的薪资待遇水平很难从江苏、浙江、山东和广东石化强省招揽高端石化人才。而自己培养高端石化人才也面临困难，辽宁拥有辽宁石油化工大学和沈阳化工大学两个石化类专业高校，辽宁石油化工大学目前只能与中国石油大学联合培养博士，没有自己的博士点。沈阳化工大学2020年申请下来博士点（化学工程与技术），每年培养的博士数量有限。辽宁石化行业高端人才的需求很难得到满足，唯一的办法是推进高校石化相关专业的博士点建设。

8.3 推进辽宁石化行业“减油增化”“减油增特”的建议

8.3.1 优化炼化产能结构

（1）调减成品油产能存量，提升炼化一体化水平

2022年辽宁原油加工量为9 738.8万吨，成品油总计4 722.3万吨，成品

油占原油加工量的48.49%。若按成品油占原油加工量40%的目标进行计算，将减少成品油产量827万吨并转化为化工原材料，预计全省将增加1 500亿元产值；以浙江2022年规模以上企业化学原料和化学制品制造业平均利润总额占工业产值的5.64%计算，辽宁省“减油增化”将增加利润总额90亿元。

与同等规模的炼油企业相比，炼化一体化企业的产品附加值可提高25%，节省建设投资10%以上，降低能耗15%左右。“十四五”期间，要积极引导省内炼油企业大力提升创新能力，加快炼油厂由“燃料型”向“化工材料型”转变。一是淘汰落后炼油产能，200万吨以下炼油企业退出。二是优化炼化产能结构，持续推进中石油大连石化2 000万吨搬迁及系列减油增化项目建设，进一步调整燃料型产能与化工型产能的比例，减少成品油产量，使成品油占原油加工量的比重降至40%以下。三是畅通成品油销售渠道，建立全省统一成品油销售平台，营造公平的市场环境。

（2）延链补链促进化工增量

梳理省内炼化头部企业的中间产品，实现“一厂一策”“一厂多链”，精准确定“延链补链”招商对象，让国企、外企、民企“三驾马车”齐头并进，在融资、人才引进、科研平台等方面制定“培育精细化工龙头企业发展的实施意见”，全力打造从炼化到精细化工的多条石化产业延长链条，盘活过剩炼化产能。

大连应该打造完整的炼油-PX-PTA-聚酯-纤维产业链，探索创建烯烃原料多元化企业；盘锦应依据兵器华锦、宝来集团等石化企业的优势，培育2～3家龙头精细化工企业；抚顺应依托抚顺石化、伊科思等龙头企业，深化丁苯橡胶和精制石蜡级高端润滑油产品的研发和生产，重点打造沥青基碳纤维和重油催化裂化用催化剂等国内领先产业；营口应充分发挥向阳科化集团等科技型企业的优势，大力扶持和发展烯烃聚合催化剂产业；辽阳应延长芳烃深加工产业链，利用原料资源，建设苯乙烯、PTA和PET装置；锦州应以锦州石化的针状焦和顺丁橡胶为核心，打造国内独具特色和具有知名品牌的针状焦和顺丁橡胶生产基地；葫芦岛应围绕聚氨酯生产产业链，发展聚氨酯原料生产产业、聚氨酯下游产业、农药和表面活性剂产业。

8.3.2 依托基地和化工园区建设，统筹推进“减油增化、增特”战略

（1）强化万亿级基地和园区建设，提高石化产业聚集度

世界排名前列的石化产业园区，其发展路径、模式基本一致，都是依靠聚集行业巨头快速扩大体量，不仅能够获得大量投资，更能借助“虹吸效应”，吸引中下游配套企业入驻。

一是吸纳国际经验，加快长兴岛-辽东湾世界级石化产业基地建设。加快承接大连市城区、大孤山石化产业园区石化产业转移，将大孤山石化产业园区内企业逐步北迁至长兴岛石化产业基地，提高大连和盘锦石化产业聚集度。二是推动各市新上项目进驻园区。各市可围绕特色优势产业带适当集中、形成规模、体现特色，新上项目原则上要进园区，对已在园区外征地但尚未建设的项目，应动员其入园置换等值土地进行建设。三是择机吸引园区外企业现有项目迁入园区。应充分了解各园区外石化企业的情况，分析其现有项目的优势和发展潜力，制定具体的吸引政策和措施，通过优惠租金、税收减免、资金扶持以及提供良好的营商环境和优质服务，吸引其将现有项目迁入园区。

（2）以化工园区为主导，统筹推动“减油增化”“减油增特”深入实施

改变以往以省政府、市政府为推手的传统思维，依托化工园区推动辽宁炼化企业“减油增化”“减油增特”。一是出台“化工园区建设管理办法”。辽宁省在促进产业集聚和智慧化园区建设方面，现有的相关政策只有《辽宁省化工园区认定管理办法》，该办法更多地从园区认定角度进行规定，而对

化工园区建设和管理涉及较少，尤其是绿色低碳、智慧化园区建设的具体举措方面，缺乏具体标准和要求。二是以化工园区为主导，整合区域内炼化产能。促进园区内外石化企业协同联动，推动炼化头部企业“一厂一策”“一厂多链”实施和精准招商等，提高原料的配套性和产业链的协同性，使化工园区真正成为省内石化企业聚集联动的组织者和依托平台，形成产业集聚效应。

8.3.3 加强顶层设计，各市差异化发展精细化工产业

统筹规划省内九大石化生产城市，协调错位发展，防止同质化竞争。

（1）大连市大力发展高端化工新材料

建议大连市充分利用在炼化一体化和精细化工方面的优势，大力发展高端化工新材料，特别是针对大连市石化产业的PTA优势，应采取相应措施，实现稳产增产，并大力发展PTA下游产业配套（如PET），保持行业的领先优势。

（2）盘锦市大力发展高端精细化工产业

发展高端精细化工产业。利用盘锦充足的芳烃、烯烃资源，以高端精细化发展为目标，做足做细中下游精细化工产业，发展药物中间体、丙烯酸酯涂料、酚醛树脂胶等精细化工产业。

发展新领域精细化工产业。以氨基酸、表面活性剂、聚丙烯酰胺、纤维素衍生物的应用开发为核心，重点发展生物医药、食品饲料添加剂、气雾剂以及军工化学品等新领域。

做强做精专用化学品产业。充分利用现有专用化学品生产基础，加大新产品技术研发投资力度，重点发展油田化学品、减水剂、橡塑助剂等高端专用化学品产业。

（3）营口市大力发展烯烃聚合催化剂、硼镁精细化工产品

发展烯烃聚合催化剂产业。建议营口充分发挥向阳科化集团等科技型企业的优势，大力扶持和发展烯烃聚合催化剂产业，鼓励催化剂生产企业扩大生产规模，并加大研发资金投入，提高催化剂品质。

支持生产烯烃聚合催化剂的中小企业与资金、技术实力强大的大公司以联盟的形式进行合作，整合各自的优势资源，以达到快速研发、规模生产并成功营销的目的，形成以辽宁向阳科化集团为龙头企业的烯烃聚合催化剂生产集群。

发展硼镁精细化工产品。目前，全国已探明菱镁矿储量约36.42亿吨，营口市菱镁矿储量约占全国的47%，大石桥有“中国镁都”之称。辽宁省要充分利用拥有全国最大的菱镁矿储量这一优势，重点发展硼镁精细化工产品，如氮化硼、高纯度硼等。

（4）抚顺市大力发展化工新材料、石蜡相关产品

大力发展高端聚烯烃材料。基于抚顺在聚烯烃方面的基础，可以大力发展车用聚丙烯、航空航天用复合材料。目前，医用聚烯烃材料市场大部分被进口产品占领，附加值高，经济效益好，辽宁省可提前谋划布局医用材料领域，满足国内日益增长的市场需求。

做强石蜡等精细化工产业。以中石油石蜡技术中心为平台，与国内外特种蜡生产公司、科研院所进行合作，加大科研和技术创新力度，开发生产特种蜡产品，提高创效能力。同时，开发生产地板封边蜡、钢带防锈蜡、缓释肥专用蜡等小品种产品，满足市场的多种需求。

（5）辽阳市延长芳烃深加工产业链

针对中石油辽阳石化公司生产的28.3万吨苯、63.4万吨PX几乎全部外销的实际，建议延长芳烃深加工产业链，通过招商引资等措施，利用原材料资源，建设苯乙烯、PTA和PET装置，把芳烃资源在园区内，提高园区的经济实力。

（6）锦州市做精针状焦、稀土顺丁橡胶产品

基于中石油锦州石化公司拥有国内规模最大的油系针状焦装置，建议继续把针状焦做精，做成高附加值的特色产品；通过建立中国石油针状焦生产基地，打造锦州石化焦类的明星产品。同时，支持锦州石化公司做精稀土顺丁橡胶产品，打造国内优质品牌。

（7）葫芦岛市发展聚氨酯下游产业

葫芦岛聚氨酯生产基础良好，产品品种多、产量大。建议葫芦岛围绕聚氨酯生产产业链，加强精细化工发展：一是发展聚氨酯原料生产产业。二是发展聚氨酯下游产业。聚氨酯可用于生产水性涂料、黏合剂等建筑材料，葫芦岛可在现有工业助剂和添加剂生产的基础之上，发展聚氨酯类助剂和水性涂料，延长聚氨酯产业链。三是继续发展现有农药、表面活性剂产业，将精细化工产业做强做大。

（8）沈阳市做强做大橡胶产业、做精生物医药产业

沈阳市应该在发展橡胶工业园的基础上，积极做好普利司通、米其林、三橡股份等轮胎企业的发展规划工作，做强做大沈阳橡胶产业园，把沈阳建设成为中国重要的橡胶轮胎生产基地。同时，在现有生物医药产业的基础上，继续加大投资力度，做精生物医药产业。

（9）鞍山市做强做大染料颜料产业

有机染料颜料是煤焦油深加工产业，在鞍山具有良好的发展基础和发展前景。建议鞍山市继续大力发展石化龙头企业，不断推出新型高端染料颜料产品；同时，拓宽颜料下游产品渠道，大力发展涂料和油漆产业，带动染料颜料产业发展；同时，加大对中小企业发展的帮扶力度，形成具有较强竞争力的有机染料颜料生产集群。

8.3.4 围绕产业链短板，开展以进口替代为导向的精准招商

一是依据《辽宁省石化和精细化工产业发展实施方案》中的重点任务，精心制作石油化工产业链招商图谱，以进口替代为导向，瞄准精细化工和化工新材料细分领域的国内外知名企业，对这些企业进行重点招商，特别是埃克森美孚、壳牌、巴斯夫等石油化工巨头，增强招商的精准性。二是制作招商进度图，参照辽宁石油化工基地（园区）产业链布局图，明确招商责任与目标。三是积极落实省委省政府2018年12月出台的《关于加快民营经济发展的若干意见》，依靠政策吸引外商投资。四是培养一支懂专业、精外语、会交流的高层次、专业化、复合型招商队伍。五是充分利用互联网便利和在辽宁召开的各类大会，开展针对性招商，既招石油化工巨头，也招服务巨头，集聚产业规模，提升规模效益。

8.3.5 加快智能工厂和智慧化工园区建设，实现安全稳定生产

（1）政府引导企业数字化、智能化转型

政府相关部门牵头，组织智能化转型培训交流。一是政府相关部门牵头，组织石化企业人员参观国内数字化转型成功案例企业；二是组织数字化转型服务商为石化企业人员讲解数字化转型方案；三是组织石化高校举办企业人员数字化转型技能提升培训班。

重视石化中小企业数字化转型。一方面，依靠行业、区域内的龙头企业和工业互联网平台，推动中小企业购买相关服务，实现数字化转型。另一方面，拓宽多元化中小企业融资渠道，增加政府的资金补贴，数字转型服务商带资服务，提供银行专项贷款，对产业链核心企业融资。

树立数字化转型典型范例。在辽宁石化产业中打造一批数字化转型的“小灯塔”企业典型范例。通过典型范例，寻找转型的共性特点，规范转型

流程，编制转型的可操作手册，进一步降低石化中小企业数字化转型的信息门槛。

（2）加快智慧化工园区建设

规范化工园区建设，实现园区智慧安监和智能应急响应：一是推进园区认定工作。按照国家和辽宁省对化工园区的新规范、新要求，对全省化工园区开展评估认定工作，进一步明确园区发展定位，严把项目准入关口，强化企业间的协作配套，全面提升园区的规范化建设和管理水平。二是加快推进智慧园区建设，推动化工园区建立统一的智能化信息管理平台，提升园区的综合管控水平。三是推进与高校、科研机构合作的科技创新成果孵化基地等功能性平台的建设和运营，通过数字化手段推动园区石化企业软硬实力的提升。

8.3.6 加快油气储备库建设，保障油气供应链稳定

我省原油对外依存度高达89.3%。建议结合省情，面向全国招商，在营口仙人岛建设30万吨的原油码头，建设300万方的商业石油储备库，把这个商业储备库作为上海原油期货交割仓库。

持续推进利用辽河油田采空区建设100亿立方米、工作气量52亿立方米以上的储气库群；建成营口港-盘锦、锦州港-盘锦的原油管道，降低企业的原油运输成本。

8.3.7 建立产学研联盟开展科技攻关

当前，我国市场缺乏的是高端化学品，需要大量进口。同时，炼厂当前面临高端化学品生产技术转型的难题，我国并未完全解决，因此应特别重视新技术的创新。

辽宁省应充分利用大连理工大学、辽宁石油化工大学、辽宁省石化产业

技术创新研究院等的优势资源，明确企业技术需求清单，全省自然科学基金项目向精细化工和化工新材料倾斜，加大对相关专利的专项资金投入力度，鼓励企业与科研院所联合开展技术攻关。

针对辽宁省PX、PTA以及烯烃等优势产业，集中相关单位的优势资源，重点突破PTA直接酯化法制聚酯工艺、PET聚酯薄膜生产技术、溶液法制聚烯烃弹性体等一批“卡脖子”关键技术，着力解决环氧乙烷深加工产业共性技术难题。

在高端化工新材料领域，重点开发低气味、高结晶抗冲聚丙烯、茂金属聚乙烯和聚丙烯、双峰聚乙烯树脂等生产技术；在特种工程树脂和特种橡胶领域，力争突破CO2/环氧丙烷催化聚合制备聚碳酸酯工艺、高端稀土顺丁橡胶以及高品质橡胶填充油的开发。

在高端精细化学品领域，重点推进HPPO法环氧丙烷创新技术的产业化，攻克环氧化物生产的关键原料双氧水的先进清洁生产技术；加快碳酸甲乙酯、碳酸二甲酯、醇胺类减水剂和聚羧酸减水剂等产品的工业化进程；推进高性能颜料染料、己内酰胺、绿色法生产己二腈、戊二醛消毒液等高附加值精细化工产品的技术攻关。

在石油化工催化剂和助剂领域，强化DMTO/DMTE、合成气制低碳烯烃等高性能催化剂方面的研究成果的工业化应用；发展钛硅分子筛、新型固体酸催化剂；加强环保型SCR脱硝催化剂、煤化工催化剂的研究。

在高性能纤维和膜材料领域，推进高通量和高精度催化油浆过滤技术开发，开发针状焦-沥青基碳纤维的生产工艺；开发超高分子量聚乙烯催化剂与聚合工艺以及超高分子量聚乙烯纤维纺丝技术；推进高性能聚酰亚胺膜材料、聚丙烯锂离子电池隔膜和燃料电池用离子（质子）交换膜等高端膜材料的工业化进程。

8.3.8 强化中试基地建设，促进成果转化

（1）加强顶层设计，完善中试基地建设管理办法

我省尽管出台了《辽宁省科技成果转化中试基地项目管理办法（试行）》，但对促进石化产业中试基地建设的针对性不强。科技厅应尽快联合省发改委、生态环境厅、应急管理厅、财政厅等部门出台独立的“辽宁省化工中试基地和中试项目管理办法”。在管理办法中，应明确化工中试项目入驻流程和具体管理办法。

（2）优化中试基地布局，形成全产业链中试服务能力

大连市和盘锦市已基本上形成了石化产业全产业链布局，辽阳市、抚顺市、沈阳市、锦州市和葫芦岛市基本上形成了石化产业半产业链布局。辽宁省应基于当前的石化产业链布局，全面提升产业链中试服务能力。一是加大石化产业中试基地建设，强化中试基地对石化产业发展的支撑，对每个细分行业市场做到“一产业一基地”，至少做到“一市一基地”。二是在全省范围内统筹规划中试基地布局，将中试基地建设纳入高新区等各类园区的建设规划之中，做到同步规划、同步建设。三是推动通用共享型中试基地建设，出台政策，推动中试基地创新资源全省共享，实现中试资源的优化配置和高效利用。四是选择石化产业链节点，在全国乃至全球范围内遴选团队水平高、市场前景好的项目开展中试，促进科技成果转化，提升全产业链中试服务能力。

（3）出台扶持政策，全方位提升中试基地的科技成果转化能力

针对石化中试基地建设过程中的痛点、难点问题，找准政策着力点，进一步增强中试基地扶持政策的灵活性。一是在中试项目化工产品销售方面，简化销售审批程序和流程，按照科研项目的成果产品进行管理。二是针对产业化导向明确的科技计划项目成果，要求必须在中试基地进行中

试；对产业化导向不十分明确的项目成果不作强制要求。三是在优惠政策方面，对具有企业法人资格的中试基地，可以实施申请认定高新技术企业优惠政策。

8.3.9 推进人才供给侧结构性改革，建立高端人才引育机制

（1）打造科技创新高地和人才集聚高地

建设国家级石化产业技术研发中心，构建洁净能源技术创新体系。推动先进光源大科学装置落地，把辽宁建设成为东北亚石化产业创新人才集聚高地。推进“带土移植”引才方式，创新“候鸟型”柔性引才机制，支持企业设立“人才飞地”研发机构，培养一批“辽宁工匠”。以高端人才集聚资本、集聚产业，努力把辽宁打造成“双碳”目标下创新型能源石化产业的策源地、集聚地。

（2）强化自主培育高端科技人才

“十四五”期间，辽宁省要攻破众多的共性和关键性“卡脖子”技术，需要大量博士等高端人才。辽宁省从事石油与天然气工程博士培养的高校只有辽宁石油化工大学（联合培养），从事化学工程与技术博士培养的高校有大连理工大学、辽宁科技大学和辽宁石油化工大学（联合培养），每年合计招生的人数较少，培养的博士数量远远不能满足石油化工行业的总体需求。建议向教育部申请，增设石化工程相关专业博士点，加强对石油与天然气工程、化学工程与技术等实用型高端人才（博士）的培养，满足建设石化强省的人才需求。

（3）完善石油化工高端研发人才扶持政策

辽宁省应聚焦石油化工发展战略，为石油化工高端人才营造良好的生态环境，持续制定切实可行的人才政策；积极为石化企业提供人事代理服务，办理工作调动手续以及代办养老保险等业务，解除各类人才到企业工作的后

顾之忧；进一步完善人才流动机制，打破人才身份、所有制限制，改革户籍管理制度，清除影响人才流动的政策性壁垒，提倡合理的人才柔性流动，形成有序的人才柔性流动机制。

8.3.10 创新石化供应链融资体系，降低企业发展成本

辽宁省应依据石化产业链特色及当前“国内国际双循环”发展格局，创新石化产业供应链融资体系，降低我省石油化工产业创新链发展成本。

（1）建立辽宁石化产业金融服务有限公司

建立辽宁石化产业金融服务有限公司，利用产业链核心企业的信用，融合商业保理、融资租赁等业务，加强与中国工商银行、平安银行、上海票据交易所等供应链票据平台的对接，以石化产业链为依托，为上下游企业的应收账款、预付款融资，缩短下游企业的应收账款周期，降低核心企业的产品运营成本。

（2）搭建融资平台，降低融资成本

一是要积极争取工农中建交等国有大银行的支持，争取银团贷款。二是争取和国家开发银行合作，以“机构+机制+项目”的形式，支持绿色石油化工基地建设。三是尝试发行辽宁石油化工项目收益债或者绿色石油化工基地项目收益债，通过相关金融机构面向各资本平台与机构发行中长期项目收益债。四是要争取利率优惠和期限倾斜，节约资金成本和资金周转成本。五是要设计合理的还款通道，保障还款，以切实提振金融机构和金融市场的信心。

8.3.11 深化央地合作，形成央地互利共赢发展新格局

（1）成立石化产业发展协调工作领导小组，搭建央地对接平台

由省委省政府、中石油等央企牵头，成立石化产业发展协调工作领导小

组，研究确定辽宁石化产业重大发展战略及重大政策、措施。省委省政府积极与央企总部对接，搭建省委省政府和央企合作对接平台。依托大连、盘锦、抚顺等地的化工产业园区和基地，各市应强化与所在地央企子公司的对接，搭建市委市政府和央企子公司对接平台，实现信息共享、优势互补、互利共赢。围绕减油增化、精细化工和化工新材料等领域，全面深化与央企总部和在辽央企子公司的合作，促成央企提高留辽化工原材料比例，地方企业实现对留辽化工原材料的深加工。

（2）与石化央企建立协商机制

推动省委省政府领导与石化央企主要领导定期互访、重点工作互通、重大事项互商，协商解决企业原材料需求、燃料动力、产品结构调整、科技攻关等问题，实现在辽央企与辽宁石化产业协调同步高质量发展。

（3）强化与国家相关部委的沟通、联系，出台支持政策

与国家相关部委沟通，出台政策，鼓励和引导石化央企通过在辽设立区域总部、业务子公司、项目部等方式，参与辽宁石化产业园区建设，引导其与辽宁本地企业合作。建议国家相关部委简化在辽精细化工和化工新材料的规上投资项目的审批程序和手续，针对辽宁精细化工和化工新材料的规上项目出台税收优惠政策。

（4）出台促进与在辽央企合作的相关扶持政策

建议省相关部门加强与在辽央企的沟通协调，明确央地企业双方的需求，统计央地合作项目，跟踪项目进展情况，协调有关部门和指导企业开展工作。相关部门出台政策，对央地合作符合条件的减油增化项目给予政策支持。加大对央地合作精细化工、化工新材料领域项目的技术研发投入，以科技创新支撑辽宁石化产业发展。

（5）为在辽央企提供配套服务，形成央地互利共赢的发展新格局

主动服务央企，通过省内企业为在辽央企提供助剂、央企深度参与项目谋划等方式，实现央地联动、资源共享；充分利用央企的战略资源，

促进央地在重大项目、产业链延伸、市场资源配置等方面的深度融合；针对省内石化央企发展中遇到的困难、问题，成立专班主动服务央企，全力支持在辽石化央企提质增效、创新发展，形成央地互利共赢的发展新格局。

9
优化沿海经济圈产业布局，实现绿色低碳发展

9.1 辽宁沿海经济圈石化产业布局现状

9.1.1 石化产业空间布局配置优势凸显

在辽宁14个地级市中，有9个城市布局了石化产业。在布局石化产业的9个城市中，有5个沿海城市和4个内陆城市，形成了辽宁石化产业“5+4”空间整体布局。5个沿海城市为大连、营口、盘锦、锦州和葫芦岛，4个内陆城市为抚顺、辽阳、沈阳和鞍山。

上述5个沿海城市的石化产业均具有一定的规模。其中，盘锦辽东湾新区被批准作为“国家级新型工业化产业示范区（石油化工产业）”，并被纳入国家石化产业基地大连长兴岛的拓展区。

在原油加工产能方面，产业布局主要集中在大连和盘锦，2024年，大连为5 270万吨/年、盘锦为2 278.8万吨/年，合计占5个沿海城市原油加工总产能的80%以上。由此可见，“辽东湾+复州湾+大连湾”具有雄厚的石油炼化能力。

9.1.2 石化产业链布局多层次化

辽宁石化产业“5+4”空间整体布局中，石化产业链总体布局是不平衡的，其大致可分为全产业链布局、半产业链布局和其他产业链布局三种格局。采取全产业链布局的城市包括大连和盘锦，采取半产业链布局的城市包括辽阳、抚顺、沈阳、锦州和葫芦岛，采取其他产业链布局的城市包括营口和鞍山。

首先，大连、盘锦的石化产业链较为齐全，基本形成了全产业链布局：

恒力石化（大连）有限公司将80%的装置规模做到全球最大，产业链做到全球最长；盘锦依托辽东湾新区石化及精细化工产业园区、盘锦精细化工产业开发区和辽宁北方新材料产业园区形成了全产业链发展格局。其次，在半产业链布局中：辽阳芳烃及精细化工产业化基地为国家新型工业化基地和国家高新技术产业化基地；沈阳的石化产业链主要以橡塑、制药、涂料和高端专用化学品生产为主导产业，具有一定的优势和规模；锦州的化工园区均为市县级园区，主要依托中国石油锦州石化公司；葫芦岛目前有3个化工产业园区，另外还有2家央企。最后，在其他产业链布局中：营口仙人岛目前无原油加工能力，以天然气开采、重油加工、聚酯材料生产为主，初步形成了以精炼石油产品、聚酯等为主的石化产业链；鞍山化工园区主要以煤化工、煤焦油副产品深加工、精细有机新材料生产为主。

9.2 辽宁沿海经济圈石化产业布局存在的问题

9.2.1 沿海布局分散，内陆物流成本高，小石化企业竞争力弱

辽宁省石化产业“5+4”整体空间布局存在的主要问题是，石化产业沿海布局分散，内陆大石化企业与港口距离远，物流成本高，内陆小石化企业缺乏竞争力。

（1）从地域视角看，石化产业沿海布局分散

辽宁石化产业总体上呈现沿海分布格局，大连、营口、盘锦、锦州、葫芦岛5个城市均有石化产业，布局相对分散。这5个沿海城市的石化产业规模是非常不平衡的。

大连和盘锦的炼化产能占5个沿海城市总产能的84%，锦州的原油加工

产能仅为800万吨/年，葫芦岛的原油加工产能只有650万吨/年。从绿色低碳发展视角来看，这种布局方式给整个渤海湾的生态环境造成了相当大的压力。渤海湾部分地区暴露在石油化工污染的危险中，不利于污染治理的集中化，导致生产收益低于环境成本，不利于海滨生态保护。

（2）从物流成本视角看，内陆大石化与港口距离远

辽宁除了沿海地区的石化产业布局，在内陆地区也有一定的石化产业规模。抚顺位于辽宁东部，属于内陆城市。中国石油抚顺石化公司拥有千万吨炼油、百万吨乙烯的炼化一体化大型石化装置，原油主要来自大庆油田。一方面，大庆原油开采量逐步减少，给抚顺石化产业带来了原料供给不足的隐忧。另一方面，随着抚顺石化产业链的延伸，抚顺石化只有部分化工原料留在本地，其产业链下游企业不得不从外地远程运输原料。同时，产业链下游企业的市场均在南方，这些企业面临原料和市场两头在外地的问题，较高的运输成本削弱了企业的产品竞争力。

（3）从规模效益视角看，内陆小石化企业缺乏竞争力

沈阳化工园区原油加工能力和生产规模小，与省内的大石化、大化工园区相比，其石化产业上游加工能力不足，精细化工技术发展水平较低，环境污染比较严重。这类石化园区位于内陆，无论是产业规模还是区位交通，都缺乏竞争力。

9.2.2 产业生态圈不健全，影响石化产业发展

（1）产业链较短

2023年，辽宁全省石化产业完成原油加工量9 738.8万吨、乙烯产量399.5万吨，由此衍生出大量的有机原料和树脂、橡胶等合成材料，但是由于全省石化产业链条短，无法做到在省内深加工，绝大部分资源都销往外省。2022年，辽宁精细化工率仅为44%。省内“三烯三苯”化工原料作为

商品未经深加工直接被销往其他地区。以中石油东北化工销售公司为例，聚乙烯、聚丙烯、丁苯橡胶、苯等商品在辽宁省内的销售量均不超过40%。

（2）产品结构有待优化

2019年至2023年，辽宁省的汽油、柴油、煤油等成品油占原油加工量比重呈现U形曲线变化：从2019年的47.66%下降到2020年的最低点42.81%，2021年开始上升，到2022年达48.6%，比2019年高出近1个百分点。成品油产量比重上升与国内成品油市场供给过剩情况并存，更凸显了辽宁石化产品结构有待优化的问题。

（3）化工精细化率提升空间较大

2023年辽宁的化工精细化率为44%，全国的化工精细化率平均水平为45%。辽宁的化工精细化率低于全国平均水平1个百分点，江苏、上海、浙江的化工精细化率达到53%以上，山东为47%。辽宁的高端化工新材料，如茂金属系列聚烯烃弹性体、高性能纤维等，产量少、质量不稳定，绝大部分靠进口供给。

9.2.3 高端专业人才短缺

精细化工产品的特点在于技术密集、附加值高、品种繁多、迭代快，对生产企业的科技创新能力要求非常高。从已提供人才结构数据的产业园区来看，石化园区中低端石化专业人才供给充足，但高端石化专业人才供给缺乏，对技术研发产生了一定的影响。石化产业与信息化复合型人才、石化产业与绿色低碳生产复合型人才不足，急需一批具有科技研发创新能力的石化专业高端人才，尤其急需石化专业博士，以提高石化产业研发能力、数字化转型能力、绿色低碳生产能力。

9.2.4 通过评估的化工园区数量少，入园率低

2024年，辽宁通过评估认定的化工园区有31个，超过该数量的省份共有6个，即山东（85个）、浙江（52个）、湖北（51）个、河南（47个）、安徽(40个)、河北（33个）。

辽宁石化产业入园率不足，2022年入园企业总营业收入仅占全省石化产业营业收入的55%。以营口为例，2019年，营口石化企业入园率仅为24.73%，超过70%的石化企业不在化工园区，而是分散在营口各区。2022年，山东化工园区数量位居全国第一，石化企业入园率为34%。

9.2.5 石化企业数字化程度低，智慧化工园区数量少

（1）石化企业数字化程度低

按照《智能制造能力成熟度模型》（GB/T 39116—2020）标准，智能制造能力成熟度分为五级：一级即规划级，表示企业能够对核心业务活动进行流程化管理；二级即规范级，表示企业可以实现单一业务活动的数据分享；三级即集成级，表示企业可以实现跨业务活动间的数据共享；四级即优化级，表示企业可以实现对核心业务活动的精准预测与优化；五级即引领级，表示企业可以实现产业链协同。

从智能制造评价评估公共服务平台的数据来看，辽宁省石化企业数字化平均水平在3以下，表明石化企业还未实现跨业务活动间的数据共享，仅实现了利用自动化、信息技术对核心装备和核心业务活动等进行改造与规范。

辽宁省参与智能制造能力成熟度评估的石化企业数量占规模以上石化企业数量的比重低于20%，说明石化产业整体数字化水平有较大的提升空间。

（2）智慧化工园区数量少

目前，辽宁的31个化工园区中，有8个园区尚未建设智能化管控平台，

仅有2个化工园区进入全国智慧化工园区名单，占园区总量的6.45%。而山东省进入全国智慧化工园区名单的数量占其化工园区保有量的比重为14.11%。

辽宁省已经建设智能化管控平台的化工园区也存在园区智能化管控平台与石化企业生产数据自动化对接不顺畅等问题。

截至2023年，进入全国智慧化工园区、全国智慧化工园区（建设期）单位名单的化工园区共有43家。其中，数量最多的省份为江苏，接下来是山东和浙江。辽宁的盘锦辽滨沿海经济技术开发区和大连长兴岛（西中岛）石化产业基地新材料产业园进入了全国智慧化工园区名录。

2021年，盘锦辽滨沿海经济技术开发区获批中国智慧化工园区试点示范（创建）单位，2022年底完成阶段性建设工作，并通过中国石油和化学工业联合会化工园区工作委员会专家组的审核，这也是东北地区首家智慧化工园区试点示范单位。

2022年，大连长兴岛（西中岛）石化产业基地新材料产业园进入全国第五批智慧化工园区（建设期）单位名单。2023年9月，该新材料产业园通过中国石油和化学工业联合会化工园区工作委员会专家组的审核，被列入全国智慧化工园区名录。

从以上辽宁化工园区智慧化建设情况来看，盘锦、大连作为沿海石化产业城市的代表，其化工园区智慧化建设步伐更快一些，其他3个沿海城市、4个内陆城市化工园区的智慧化建设步伐慢一些。这和国家级七大石化产业基地之一在盘锦和大连布局有一定的关系。

9.3 优化沿海经济圈产业布局、实现绿色低碳发展的对策

9.3.1 优化产业布局，实现绿色低碳发展的路径

（1）要素再优化，构建石化产业“3+3”辽东湾大湾区新格局

构建石化产业“3+3”辽东湾大湾区新格局，是指整合3个沿海城市即大连、营口、盘锦和3个内陆城市即鞍山、辽阳、抚顺共6个城市的石化产业，构成辽东湾大湾区石化产业新格局。

产业集聚有利于降低生产成本。从绿色低碳发展角度来看，规模化、集中化也有利于低碳化生产成本的下降。

同时，锦州、葫芦岛两地的石化产业链要适时转移，或者采用“飞地经济”模式在辽东湾大湾区实现产业落地转移，以便大力发展辽西沿海生态旅游。此外，把辽阳、鞍山和抚顺3个内陆城市纳入辽东湾大湾区，为辽东湾大湾区石化产业链的发展留出足够的延伸空间。

（2）推动优势产业间协同发展

抓住高端制造业对高端化工产品需求的市场机遇，围绕航空航天、新能源等领域，强链补链、布局升级。同时，利用好辽宁化工园区，吸引高新技术企业入驻，形成“上下游”产业链配套关系。此外，精细化工产业的核心竞争力是技术创新，辽宁作为科教大省，拥有中科院大连化物所等一批在石化行业全国领先的高校院所，智力资源丰富。因此，辽宁应将这些优势充分发挥出来，打通合作壁垒、搭建信息桥梁，寻求绿色低碳发展的有效路径。

（3）启动各市石化产业差异化发展路径

当前，辽宁省要推动石化产业转型升级，提升炼化一体化水平，探索构

建共享型循环经济产业体系，推行集约化、差异化发展是必然趋势：全面建设大连、盘锦两大世界级石化产业基地，改造提升五大具有产业竞争力的石化产业基地，着力打造阜新、葫芦岛、鞍山三大特色石化产业基地，按照核心企业—产业链—产业集群—产业基地的发展模式，全面提升炼化一体化能力，逐步完善从油气加工、有机化工、高分子聚合物化工、化工新材料到精细化工的全产业链，从而实现辽宁石化产业的高质量发展。

差异化发展路径的具体建议如下：①针对大连市：一是提高石化产业聚集度；二是提升炼化一体化水平；三是发展高端化工新材料。②针对盘锦市：一是开辟30万吨原油泊位渠道；二是提高上下游融合度；三是发展高端精细化工。③针对营口市：一是依托辽东湾石化炼化产能发展精细化工；二是利用本地资源优势发展镁硼产业；三是加快油气储备库建设。④针对抚顺市：一是提早谋划原油供给渠道；二是做强石蜡等精细化工产业；三是大力发展化工新材料。⑤针对辽阳市：一是提高炼化一体化水平；二是延长芳烃深加工产业链；三向辽东湾大湾区石化产业发展腹地发展。⑥针对鞍山市：一是做大做强染料颜料产业；二是向辽东湾大湾区石化产业发展腹地发展。⑦针对锦州市：一是做精化工新材料；二是控制炼油做精化工；三是加强节能环保恢复沿海生态。⑧针对葫芦岛市：一是加强精细化工发展；二是控制炼油做精化工；三是加强节能环保恢复沿海生态。⑨针对沈阳市：一是做大做强橡塑产业；二是做精生物医药产业；三是加强节能环保，恢复生态环境。

9.3.2 推动石化产业数字化转型升级进程，实现两化深度融合

进一步推动辽宁石化企业数字化转型。通过数字化智能化管理，通过实施能源平衡与优化调度系统，石化工厂能取得1%~2%的节能降耗效果。针对石化细分产业，建立数字化转型示范企业，助力石化企业培养智能制造成

熟度评估认证人员，明晰企业各自转型路径。

借鉴山东经验，对石化园区的数字化转型水平制定政策标准，以化工园区为平台，推动园区内企业整体数字化转型水平的提升。

从2020年开始，山东省先后出台了《山东省传统产业智能化技术改造三年行动计划（2020—2022年）》等相关政策，将化工行业列为需要开展智能化技术改造的十大重点行业之一。依照以上文件的精神，山东淄博等化工产业所在城市先后制定了《淄博市化工产业智能化改造提升工程实施方案》等文件。

按照系列文件的要求，山东省提出了到2023年化工园区确定性网络覆盖率全部达标、化工园区上云率为100%的要求，使化工园区数字化转型、智能化升级成为其继续运营下去的必需条件。同时，山东省开展了化工产业智能化改造评估标准的制定工作，出台了全国首个《化工园区智能化水平评估规范》，并对全省85家化工园区的智能化水平进行了摸底。山东的做法有了较好的成效，截至2025年5月，山东已有12家化工园区进入全国智慧化工园区、全国智慧化工园区（建设期）单位名单，占全国进入名单化工园区总数（43家）的27.9%。

（1）将化工园区数字化转型纳入到辽宁省发展规划中

借鉴山东经验，将辽宁31家化工园区的数字化转型作为化工园区运营的必需条件，纳入石化产业发展规划，制定时间表。

对31家化工园区的数字化转型水平和需求进行调研，组织行业专家对其数字化转型需求进行诊断评估，出具“一园一策”问诊报告，提供专项转型升级扶植资金，以园区为抓手，以园区为试点，开展石化行业的数字化转型工作。

出于智慧化水平及地理位置两方面的考量，对辽宁现有31家化工园区进行分类，制定不同类别的智慧化工园区的建设时间表，不断细化各化工园区建设的阶段性目标，形成操作性指南，便于各化工园区不断推进智慧化工园区的建设工作。

一是依据化工园区智慧化水平的高低进行分类，秉承水平高者先行、水平低者后行的原则开展智慧化工园区建设。二是依据与盘锦、大连的地理距离进行分类，秉承先沿海城市化工园区、后内陆城市化工园区的原则开展智慧化工园区建设。由于盘锦辽滨沿海经济技术开发区和大连长兴岛（西中岛）石化产业基地新材料产业园已进入全国智慧化工园区名录，二者均位于沿海石化产业城市，依据技术外溢随着地理距离的增加而衰减的原理，可对大连、盘锦、营口、葫芦岛、锦州通过评估的化工园区先行扶植开展智慧化工园区建设，再带动抚顺、辽阳、沈阳、鞍山4个内陆城市的化工园区进行智慧化工园区建设。

（2）制定具有辽宁石化产业特色，适应碳达峰、碳中和需求的化工园区智能化水平评估规范

山东是全国化工行业第一大省，其制定的《化工园区智能化水平评估规范》结合了《国家智能制造标准体系建设指南（2021版）》《智能制造能力成熟度模型》等标准文件，以及山东省本地出台的《山东省传统产业智能化技术改造三年行动计划（2020—2022年）》等文件的相关要求，具有较强的地方特色。

辽宁应结合以下四个方面，制定具有本地石化产业特色，适应碳达峰、碳中和需求的化工园区智能化水平评估规范：一是结合辽宁自身的产业特点。辽宁石化产业具有炼化比重较大，精细化率有提升空间，有向高端精细化工和化工新材料方向转型的产业需求，入园率较低，化工园区智能化水平相对较低的特点。二是结合《智能制造能力成熟度模型》《智慧化工园区建设指南》等标准文件的要求。三是结合辽宁出台的数字化转型方案，如辽宁省制造业数字化赋能相关行动方案，以及《辽宁省工业互联网创新发展三年行动计划（2021—2023年）》《辽宁省数字化转型贯标试点工作方案》等系列文件的要求。四是结合《辽宁省碳达峰实施方案》《辽宁省科技支撑碳达

峰碳中和实施方案（2023—2030年）》等相关文件的要求。

（3）进行化工园区智能化升级的标杆建设

辽宁应将盘锦辽滨沿海经济技术开发区和大连长兴岛（西中岛）石化产业基地新材料产业园作为标杆园区，对其智慧化工园区建设经验进行总结和推广，为辽宁其他化工园区开展智慧园区建设起到引领带头作用。

9.3.3 推动园区化发展，提升绿色低碳发展效率

提高石化企业入园率，形成产业集聚，由园区热电厂等直接提供热力供应。推动电气化改造，发挥电驱替代在节能减排方面的显著效果。已有研究以空分装置为例，分别计算了汽驱和电驱的能耗及碳排放量，并进行了对比。相比采用燃煤锅炉的汽驱模式，在电力以等价值计算的情况下，电驱模式的能耗减少了30.4%，二氧化碳排放量减少了49.6%。在使用可再生资源电力的情况下，用电力代替化石燃料，采用电加热技术产生蒸汽用于石脑油裂解制乙烯等工艺过程，能够起到显著的减排效果。

9.3.4 采用干热岩资源，发挥减排效果

2022年7月，工业和信息化部、国家发展改革委、生态环境部印发《工业领域碳达峰实施方案》。该方案提出“鼓励企业、园区就近利用清洁能源”。

辽宁具有可供利用的干热岩资源。干热岩是位于地壳深处的高温岩体，温度一般大于180度，在与地下水接触的过程中释放出地热能。我国干热岩资源丰富，主要分布在青藏高原、渤海湾盆地、松辽盆地等地区，目前探明的储量可使用4 000年。福建省漳州市2015年已经开始实施对干热岩资源的开采利用。

2022年至2023年，辽宁首次进行了干热岩资源的调查与评价，项目组

经过勘测分别圈定了辽宁干热岩资源的远景区和靶区。利用干热岩资源替代化石燃料产生蒸汽，不仅可以进一步降低石化企业使用蒸汽的成本，而且可以增强减排效果。

（1）加强辽宁石化产业绿色低碳发展顶层设计的配套政策建设

为了进一步推动辽宁石化产业碳达峰目标的实现，自2022年以来，辽宁省人民政府及辽宁省科学技术厅、辽宁省发展和改革委员会等部门相继出台了《辽宁省碳达峰实施方案》《辽宁省科技支撑碳达峰碳中和实施方案（2023—2030年）》。

石化产业所在各市也出台了碳达峰相关方案，把石化产业作为工业领域碳达峰实施方案中的一部分，同时也在推进石化产业碳达峰行动的规划设计方案。大连出台了《大连市"十四五"节能减排综合工作方案》《国家碳达峰试点（大连）实施方案》《大连市工业领域碳达峰实施方案》。抚顺出台了《抚顺市碳达峰实施方案》，提出加大环保投入，鼓励企业采用先进环保技术，提高能源利用效率。营口出台了《营口市"十四五"节能减排综合工作方案》，编制完成《营口市科技支撑碳达峰碳中和实施方案》。沈阳出台了《国家碳达峰试点（沈阳）实施方案》。其他城市也相继出台了相关政策性文件。

依托国家、省、市出台的具体行动计划和实施方案，辽宁应积极出台相应的石化产业的引导政策，从石化产业结构调整、轻质原料替代等方面出台有针对性的优惠政策，推动石化企业选择全省石化产业碳达峰实施路径。

（2）推动辽宁石化产业结构调整

已有研究表明，石化产业结构调整达到的减排成效，分别是轻质原料替代、节能降耗、CCUS（全称为Carbon Capture，Utilization and Storage，即碳捕捉、利用和封存）等方法的约5倍、2倍、2倍，是辽宁石化产业首要的碳减排手段。

辽宁原油加工量在全国排名第二位，"油头大、化尾小"已成为辽宁石化产业最重要的特点，也是困扰辽宁石化产业发展的难题，急需破解。在全国新能源汽车产业高速发展的大背景下，从2019年至2022年，辽宁石化产业汽油、柴油、煤油等成品油产量占原油加工量的比重仍呈现U形曲线变化，而且2022年比2019年高出1个百分点。

辽宁规模以上炼化企业中，中石油有7家炼厂，民营企业也有7家炼厂。辽宁石化产业产能具有央企占比较高的特征，省、市政府应联动起来与石化央企进行协调，积极下调汽油、柴油、煤油等成品油产量在原油加工量中的比重，提高化工原料的生产比重。

除营口外，大连、盘锦、锦州、葫芦岛4个沿海城市的原油加工产能在全省原油加工总产能中占比超过80%。因此，辽宁应以这4个城市为试点，开展石化产业的结构调整。

辽宁7家规模以上民营炼化企业中，有5家在沿海地区，分别是大连恒力、大连锦源、华锦集团、盘锦北燃、盘锦浩业。促进辽宁石化产业向高端精细化工产品、化工新材料产品生产方向转型，使炼化企业从“燃料型”向“化工材料型”转变，对于辽宁石化产业实现碳达峰、碳中和具有重要的意义。

（3）开展轻质原料替代

推动辽宁省石化产业开展轻质原料替代生产，改造升级生产工艺，通过蒸汽裂解原料轻质化、用非石油基材料替代石油基材料、促进生物基材料使用等措施，实现碳达峰、碳中和。

（4）实施能耗监测，开展节能降耗

石化产业对石油、天然气、煤炭、电力、热力等能源的消耗大。辽宁石化企业应通过改造生产工艺和生产流程、进行生产精益化管理来实现节能降耗。一是开展排查摸底。企业应对生产流程全面开展环保隐患、高耗能环节的摸底自查，评估设备耗能情况，进而对电气设备进行检修，对节电设备进行维护。二是开展能耗监测。企业应用数字化手段对生产各环节的能耗情况进行监测，精细化管控供水、供电等公用工程，动态调整锅炉、加热炉负荷和燃料气结构，提高加热效率。同时，构建监测系统，在现场配置信息接收装置，利用信息技术连续采集耗能数据。三是细化达标任务。企业制定节能降耗时间表，逐步推动各环节节能降耗达标。四是结合生产特点，利用清洁能源。例如，利用工业余热发电，布局清洁能源，在建筑物屋顶布局光伏发电装置。五是引入权责机制。企业明确各生产部门、各岗位节能降耗职责，树立全员参与的理念，设立企业节能降耗工作监督实施部门，开展节能降耗专项工作。六是积极开展节能降耗技术研发。首先，企业基于前期对生产环节高耗能部分的排查，有针对性地建立技术研发的清单制，明确研发方向，根据研发难度，借助不同的研发力量，委托研发。其次，根据不同工种条线，建立节能降耗技术研发工作室，聘请行业专家担任工作室顾问，充分发挥企业内部员工深入了解生产工序、设备的优势，激发他们的创新潜力，借助企业内外部的专业力量，结合生产实践，进行节能降耗技术研发。一方面，利用企业自有技术研究机构，开展研发；另一方面，与省内各高校、科研院所建立产学研联合机制，与高校智力资源合作开展节能降耗技术的研发。

（5）因地制宜，推动辽宁CCUS项目开展

CCUS是石化行业实现碳中和的重要技术手段，也是众多技术中成本优势最大的一个。工业和信息化部等六部门联合发布的《关于“十四五”推动石化化工行业高质量发展的指导意见》提到，石化企业可利用炼化、煤化工装置所排二氧化碳纯度高、捕集成本低的特点，开展二氧化碳规模化捕集、封存、驱油和制化学品等示范。《辽宁科技支撑碳达峰碳中和实施方案（2023—2030年）》提出，聚焦CCUS技术的全生命周期能效提升和成本降低，重点突破低成本低能耗二氧化碳捕集的吸收剂/吸附剂、二氧化碳高效催化转化，以及二氧化碳化学利用、驱油、地质封存等关键技术，开展CCUS与工业过程的全流程深度耦合技术研发。

中国二氧化碳地质封存潜力约为1万亿至4万亿吨，东北地区就是适合

进行碳捕集与封存的主要地点之一。松辽盆地、渤海湾盆地是我国主要的油田集中地之一。2022年1月29日，齐鲁石化-胜利油田CCUS项目全面建成，这个项目覆盖地质储量约为2 500万吨，每年可以减少碳排放量100万吨。

2023年6月1日，中国第一个海上碳封存示范工程正式投入使用，建成了海上二氧化碳注入、封存和检测的全套钻完井技术和装备体系，实现了海上二氧化碳的地质封存。广东惠州已实施千万吨级的二氧化碳捕集、利用与封存集群项目，对大亚湾的石化企业排放的二氧化碳进行捕集，然后统一输送到海上进行封存。

辽宁拥有东北三省唯一的出海口，海岸线总长2 292千米，东起鸭绿江口，西与河北山海关老龙头相接。辽宁具有得天独厚的地理和石化产业布局优势，应积极开展海上二氧化碳捕集、利用与封存项目。

如前文所述，大连、盘锦、营口、葫芦岛、锦州5个沿海城市的原油加工产能占辽宁全省原油加工能力的83%。辽宁可利用石化产业在沿海区域集中的特点，积极开展二氧化碳海上捕集、利用与封存项目，把其作为辽宁石化产业实现碳达峰、碳中和的重点实践手段。

（6）建立校企联合研发机制，加强智力支撑

辽宁要充分发挥高校基础研究主力军和重大科技创新策源地的作用，推进石化产业绿色产业学院建设；在科技成果转化行动方面，要明确支持高校联合科技企业建立技术研发中心、产教融合创新平台等，积极参与创新联合体建设，促进跨行业、跨领域、跨区域关键技术集成耦合与综合优化，加快创新链与产业链深度融合，推动石化产业绿色制造、重点领域低碳发展，不断深化校地合作，支持高校联合地方建设一批石化产业绿色发展领域省部共建协同创新中心和现代产业学院，构建石化产业绿色发展产学研全链条创新网络。

（7）积极吸引社会资本投入

①搭建融资平台，降低融资成本。

一是积极争取中国工商银行、中国农业银行、中国银行、中国建设银

行、交通银行等国有大银行的支持，争取银团贷款。二是争取和国家开发银行合作，以“机构+机制+项目”的形式支持绿色石油化工基地建设。三是尝试发行辽宁石油化工项目收益债或者绿色石油化工基地项目收益债，例如以园区为平台，通过相关金融机构面向各资本平台与机构发行中长期项目收益债。四是争取利率优惠和期限倾斜，节约资金成本和资金周转成本。五是设计合理的还款通道、保障还款，以切实提振金融机构和金融市场的信心。

②优化营商环境，扩大招商引资。

一是绘制产业链图。按照辽宁石油化工基地（园区）产业链布局图，精心制作石油化工产业链招商图谱，瞄准世界石油化工巨头，加强招商的精准性。二是绘制石油化工园区区位图，将世界主要园区和辽宁石油化工产业基地园区同步展示出来。三是绘制招商进度图，可以参照产业发展进度表，明确责任与目标。四是积极落实辽宁省委、省政府出台的支持民营经济发展的若干政策措施，依靠政策吸引外商投资。

石油化工行业专业性极强，必须培养和选择一支懂专业、精外语、会交流的高层次、专业化、复合型招商队伍。进一步加强银企合作，运用银企联手、银团贷款等方式，确保高端精细化工产品、高性能纤维等重点项目建设。支持企业通过股票、企业债券等方式筹集建设资金。加快推进石油化工企业与国内外大型企业的合资合作，吸引境外资本和社会资本，加大对辽宁石油化工产业的投入。充分利用互联网便利，利用在辽宁召开的各类大会，开展针对性招商，既招石油化工巨头也招服务巨头，扩大产业集聚规模，提升规模效益。

10 科技赋能辽宁石化企业数字化智能化转型

党的二十大报告提出："建设现代化产业体系。坚持把发展经济的着力点放在实体经济上，推进新型工业化，加快建设制造强国、质量强国、航天强国、交通强国、网络强国、数字中国。"《石化和化工行业"十四五"规划指南》指出，"数字化智能化转型"是四大发展战略之一。该规划提出，石化产业在"十四五"期间，要在生产经营、设备管理等核心业务环节突破关键技术，制定智能制造标准，开展智能工厂园区试点示范建设，形成智能制造优秀解决方案。工业和信息化部等六部门联合印发的《关于"十四五"推动石化化工行业高质量发展的指导意见》提出，到2025年，石化、煤化工等重点领域企业主要生产装置自控率达到95%以上。

石化产业是辽宁支柱产业，原油加工能力和乙烯、对二甲苯（PX）、精对苯二甲酸（PTA）产能均位居全国前三。盘锦、大连的石化产业园区，从其炼化产能、规划面积、物流能力等维度来看，可与世界排名前列的美国休斯顿、荷兰鹿特丹等石化产业基地比肩。《辽宁省原材料工业"十四五"发展规划》提出，全面建设大连、盘锦世界级石化产业基地。《辽宁省深入推进结构调整"三篇大文章"三年行动方案（2022—2024年）》提出，在2025年建立13 000亿元的世界级石化和精细化工产业基地。

当前，辽宁石化产业规模在全国石化产业乃至世界石化产业中，居于前列。在全球、全国石化产业数字化、智能化的浪潮中，辽宁要始终保持并不断扩大石化产业优势，还面临艰巨、紧迫的数字化、智能化转型任务。

10.1 辽宁石化企业数字化智能化科技赋能现状

10.1.1 数字化基础设施硬支撑有力

辽宁数字化基础设施建设扎实推进，为辽宁石化产业数字化、智能化转型提供了有力的硬支撑。

辽宁工业互联网标识解析二级节点已覆盖省全域14个城市及沈抚示范新区。工业互联网标识解析二级节点上线运营33个，数量居全国第二位。其中，数量最多的城市为沈阳，节点数量为10个，紧随其后的为大连，已建成工业互联网标识解析二级节点9个，排名第三位的为营口和丹东，二者均拥有5个二级节点。辽宁有924家企业接入节点，标识注册量为1.6万个。

截至2023年6月末，辽宁5G基站建设已实现全省乡镇（含）以上全覆盖，完成建设数量达8.4万个，数量居全国第十六位。截至2023年8月，沈阳市5G基站总量达到3.5万个，规模位居东北地区首位。2022年，大连已建成5G基站1.47万个。2023年，辽宁企业上云数量超过10万家，其中工业企业有2.5万家。

10.1.2 支持数字化利好政策频出

为了进一步推动实体产业数字化转型，辽宁省委、省政府各部门以及各市相继出台了推动数字化的利好政策，如《辽宁省改造升级“老字号”、深度开发“原字号”、培育壮大“新字号”专项行动计划（2021—2023年）（1.0版）》《辽宁省深入推进结构调整“三篇大文章”三年行动方案

（2022—2024年）》等。

大连市出台了《大连市智能化改造专项资金管理办法》，沈阳市出台了《沈阳市支持产业数字化试点示范项目管理实施细则（试行）》，抚顺市出台了《抚顺市工业互联网创新发展三年行动计划（2020—2022年）》等文件。

10.1.3 专项发展资金广泛支持

辽宁对石化产业数字化转型给予专项资金补贴、税收优惠等政策。辽宁省财政厅安排“数字辽宁智造强省”专项资金18.5亿元，重点支持石化等“原字号”产业和石化产业智能化数字化项目；安排人才专项资金7亿元，实施“兴辽英才计划”，鼓励人才在辽宁创业。在税务方面，辽宁省出台了增值税小规模纳税人阶段性免征增值税、加大中小微企业设备器具所得税税前扣除力度等优惠政策。

10.1.4 数字化转型水平高于全国平均水平

参照《国民经济行业分类》（GB/T4754—2017）的分类标准，石化产业有7大细分行业，智能制造能力成熟度评估指标涉及其中5个细分行业，即“石油、煤炭及其他燃料加工业”“化学原料和化学制品制造业”“医药制造业”“橡胶与塑料制品业”“化学纤维制造业”。从全国石化产业智能制造能力成熟度水平的排名来看，辽宁位居第七位，成熟度为2.375，超过全国平均水平（2.01），与全国排名第一位的重庆（2.81）相差不大。智能制造能力成熟度分为五级，其中二级表示企业可以实现单一业务活动的数据分享，三级表示企业可以实现跨业务活动间的数据共享。从上述数据来看，辽宁石化产业中5大细分行业已可实现单一业务活动的数据分享。

10.2 辽宁石化企业数字化智能化科技赋能存在的问题

10.2.1 参与智能制造能力成熟度评估的企业少，成熟度不高

辽宁石化产业参与智能制造能力成熟度评估的企业为171家，其中包含部分中小微企业，而辽宁石化产业涉及的5个细分行业中规模以上企业达到1 194家，也就是说，还有1 000余家企业没有参与智能制造能力成熟度评估。这说明辽宁石化产业参与数字化智能化转型的企业数量过少。

从已参与智能制造能力成熟度评估的企业来看，其平均成熟度达到了2.375，为二级水平，仅实现了单一业务数据的共享，数字化智能化转型水平仍有较大的提升空间。

辽宁石化产业涉及的5个细分行业中，有4个达到了智能制造能力成熟度的平均水平，其中“橡胶与塑料制品业”的成熟度为2.81，“石油、煤炭及其他燃料加工业”的成熟度为2.76，“医药制造业”的成熟度为2.54，“化学原料和化学制品制造业”的成熟度为2.39，而“化学纤维制造业”的成熟度最低，仅为0.71，这表明该行业企业仅能够对核心业务活动进行流程化管理，从而拉低了辽宁石化产业的智能制造能力成熟度水平。

成熟度水平为二级的石化企业存在信息孤岛问题。调研发现，辽宁省石化企业数字化应用中信息孤岛现象普遍存在，主要表现为数据采集与集成能力弱，尚缺乏规模化应用方案，数据资源利用效率低。从数据利用方面来看，当前辽宁省石化产业大部分数字化、智能化建设体现在针对某一过程上，仅实现了不同环节间的数据互通，并未实现不同层级间的数据共享。石化产业没有对全流程的数据进行综合开发利用，甚至绝大多数的企业并未构

建数据库，使得知识业务应用工作发展较缓，而且业务集成水平不高。中国石油抚顺石化公司在2022年之前一直受到信息孤岛问题的困扰。2023年该公司应用安环一体化平台后，才使这一问题得以解决。

10.2.2 智慧化工园区数量少，智能化水平低

辽宁有31家化工园区，进入全国智慧化工园区、全国智慧化工园区（建设期）单位名单的仅有2家，占总量的6.45%。这个指标远低于山东省14.11%的水平。在全国智慧化工园区数量排名中，辽宁省位居第四位。前三位分别为江苏省（16家）、山东省（12家）、浙江省（3家）。

盘锦辽滨沿海经济技术开发区于2021年进入全国智慧化工园区（建设期）单位名单中，2022年底完成建设任务。大连长兴岛（西中岛）石化产业基地新材料产业园在2022年进入全国智慧化工园区（建设期）单位名单中，2023年9月完成建设任务。

在辽宁省31家化工园区中，仍有8家园区尚未建设智能化管控平台。辽宁智慧化工园区的数量少，所占比重小，建设滞后的问题亟待解决。

10.2.3 数据联动性不足，数字化水平发展不均衡

（1）数据信息呈现分散化、多元化

辽宁石化企业均已不同程度地推进信息化水平，但在现有信息化基础上进行数字化转型升级时，面临数据量巨大，原有分散化、多元化数据信息重新整合应用难的问题。在传统信息系统下，生产、安全和运用系统都能产生自己的数据信息，信息类型差异较大，而且都有各自的信息处理模型和方法，要将这些信息重组则需要深入探索。例如，恒力石化股份有限公司（简称恒力石化）的炼化板块SAP系统、石化板块NC系统、OA系统等的主数据为信息化全局性信息，但各个系统有不同的平台，各个项目由不同板块组

织，造成主数据系统无法满足管理与集成的需求，各系统需要将信息进行对接和整合。

（2）数据失真及残缺加大转型难度

数字化、智能化需要建立在大量统计数据的基础之上。调研发现，辽宁省部分石化企业对生产数据的统计积累工作不到位，在开展数字化转型工作时，取得持续、真实、完整的企业生产数据较困难，数字化进程推进缓慢。石化企业实施数字化转型后，以该企业为中心的周边生产服务型企业的数字化水平提升缓慢，无法有效地与数字化转型企业在业务合作层面实现数字化、智能化精准对接，阻碍了核心企业生产效率的提升。

（3）数字化发展不均衡

石化企业这种原有信息数据、设备基础仍停留在传统意义上的信息化建设，系统性不强、联动性不足的情况，尚不足以支撑全面进行数字化、智能化建设，企业内部也存在数字化发展不均衡的问题。以宝来集团为例，其下设的四家企业，只有宝来利安德巴赛尔石化有限公司（简称宝来巴赛尔）的数字化水平提升显著，其他三家公司未跟上它的发展步伐，集团数字化发展水平不均衡，未形成数字化发展的集聚效应。

10.2.4 对智能制造认知不足，建设、运维资金投入缺口大

调研发现，辽宁部分石化企业还保持着传统企业的老旧思维，认为数字化是投入多、回收期长、见效慢的事情，对数字化转型的核心内容、必要性、重要性理解不够，尚未形成统一的认知。

石化产业属于资本密集型、规模化产业，石化企业启动数字化转型、智能化建设，需要投入大量资本，这加大了数字化转型的难度，在一定程度上阻碍了企业启动数字化转型的积极性。中小石化企业数字化转型的门槛更高。部分石化企业的设备、仪表、元件等存在数量多、种类杂的特点，而且

难以满足数字化智能化升级改造的要求，为实现数字化而大量更新设备或安装数据采集装置，企业面临资金投入大的现实问题。例如，中石油辽阳石化公司仅对重要机泵装置安装无线监测系统，就涉及605台，金额巨大。

创新研发和后期运营维护也需要企业投入大量资金，这制约了企业数字化转型的速度。石化企业大多专注于生产核心技术的创新，企业现有的专业化人才、外部合作团队最擅长的也是生产核心技术的创新。在实施数字化转型之后，企业面临化工过程控制、工业智能化、智能测控和预警技术等多方面的数字化创新问题。例如，宝来巴塞尔实施数字化转型后，创新研发成本不断上升，寻求创新团队的时间成本增加。此外，现有市场专业化服务商的有限性也导致数字化转型企业的创新研发成本上升。

在当前全球能源价格动荡的背景下，石化企业面临的资金压力很大。由于辽宁启动了深入推进结构调整“三篇大文章”三年行动，面临数字化转型的企业对资金的需求量非常大，财政分配给石化企业的资金较为有限。外部资金支持有限，内部资金压力大，石化企业数字化转型面临资金短缺的难题。

10.2.5 数字化整合未深入，产业链联动规模化升级效应不明显

当前，辽宁石化产业链联动规模化升级效应不明显，表现为：一方面，产业链各节点数字化水平不一；另一方面，产业链联动数字化升级业务开展较少。

大型石化企业实施数字化转型后，以大型炼化和化工企业为中心的产业链上下游企业的数字化转型水平不一，中小企业无法与大型炼化和化工企业进行数字化、智能化精准对接，拖累了石化企业产业链数字化水平，导致产业链联动规模化升级效应不明显。

调研发现，辽宁石化企业主要针对自身安全生产、节能减排等方面进行

数字化、智能化转型建设，在全产业链上下游企业数字化整合方面没有全面深入开展建设工作，大企业带动中小企业开展产业链联动数字化升级的情况少。中小企业单纯依靠自身无法进行数字化转型，数据孤岛问题依然存在。辽宁部分石化企业已拓展线上电子商务渠道，但对于售后服务跟踪和维护体系的建设有待进一步加强。

综上，辽宁石化企业产业链联动规模化升级效应并不明显。

10.2.6 石化产业智能化人才队伍薄弱，培训成本提高

（1）人才队伍薄弱

一是复合型人才缺乏。目前，辽宁石化产业内缺少既有丰富的石化实践经验又懂数字化的复合型人才，而这类人才往往在数字化转型中发挥着领头羊的作用，这直接导致许多企业的数字化转型工作无法顺利推进。随着MES（制造执行系统）、SCADA（监控控制与数据获取）、BI（商业智能分析平台）等软件系统、平台的植入，模式化监控系统、智能数据采集设备的配置，石化企业需要大量的石化与信息化交叉学科人才。当前，各石化企业主要通过鼓励自学、参加数字化转型服务商的培训、举行考试等方式来推动人才的数字化转型，但推动转型的手段有限，效果具有较大的不确定性。以沈阳和鞍山的石化企业为例，其数字化应用处于起步阶段，缺乏专门从事数字模型搭建、数字运营和数字储存分析等业务的专业型人才和既懂得专业领域知识又具备数字化技能的复合创新型人才。因此，要打破石化产品之间的壁垒，实现异质性产品的无差别数字化，石化产业面临的困难较大。

二是专业创新型高端人才缺乏。目前，石化企业的生产数字化应用，要求借助仿真模型，基于完善的数据库做好优化和计算工作。在实践中，石化企业大都对某一特定的流程或是反应进行优化计算，缺少擅长全流程模拟以及优化计算的高端人才。此外，物联网、云计算、移动互联网以及大数据等

新技术的出现，对石化企业生产数字化应用提出了新的多元化的要求，扩大了专业创新型高端人才的缺口。

（2）培训成本大幅度提升

石化生产既需要高度专业化的相关技术，又需要信息化、数字化相关技术，仅仅停留在使用智能化改造服务供应商搭建的平台，无法全方位释放智能化制造模式为企业带来的红利。由于石化企业缺乏复合型人才，需要对员工进行数字化、智能化相关知识的培训。企业从高校、社会招聘的人员，也鲜有复合型人才，高校人才供给专业化界限明晰，石化与智能化交叉专业复合型人才较少。对于新招聘的人才，企业不仅要开展生产适应性培训，还要进行数字化、智能化平台使用培训，使企业的培训成本大幅提升。

10.3　推动辽宁石化企业数字化智能化转型的对策

10.3.1　政府助推数字化智能化转型

辽宁石化企业要实现数字化、智能化转型，应采用政府助推、企业自身发力、以化工园区为依托、高校及科研院所协同的方式。

（1）政府相关部门牵头，组织经验交流和培训

石化企业数字化转型能否顺利进行，取决于企业相关人员对于数字化的认知。这种认知越深刻，推动数字化转型的动力就越大。企业所有人员对于数字化转型能为企业的未来发展空间、业务运营效率、生产效率、经营成本、商业模式创新等方面带来的巨大影响，应有充分的认知。

第一，强化经验交流。政府相关部门牵头，采取“走出去，引进来”的方式，组织石化企业人员参观国内数字化转型成功企业，如中国石化九江分

公司等，实地观摩学习其数字化转型的典型经验和先进做法。邀请国内实施数字化转型较为成功的石化企业负责人分享数字化转型的战略管理、资源投入、人才培养、技术应用等方面的经验。

第二，组织数字化转型服务商为石化企业人员讲解数字化转型方案、转型基础、石化企业智能制造典型场景、采购管理数字化场景关键环节，售后服务的业务协同功能、数据资源开发，以及数字化转型方法论等，使其能够基于数字化转型设备，掌握所需的工作技能，能够在数字化转型后快速上手。尤其是企业的基层或中层管理人员，要熟悉常见的商业数据分析模型，具备基于数据采集设备获得的数据进行业务分析的技能。

第三，组织石化专业相关高校举办石化企业人员数字化转型技能提升培训班，对企业人员进行数字化转型的系统培训，使其弥补知识短板，强化数字思维和转型意识，推动石化企业决策者实施数字化转型。

（2）重视中小石化企业数字化转型

随着石化产业数字化生态的逐渐形成，部分无法实现数字化转型的中小企业将不得不退出市场。中小石化企业在配置数字化设备、依托工业互联网实现业务的数字化管理、数据资源使用、数字化技术、人力资源支持、上下游业务协同、客户服务等方面面临诸多问题。具体而言，有以下解决办法：

①依托产业生态聚落优势。

石化企业数字化转型时间跨度大、资金投入大、收益具有滞后性，这意味着中小企业数字化转型门槛较高。辽宁中小石化企业，应依托辽宁石化产业规模效应，依靠行业、区域的龙头企业的工业互联网平台资源，主要通过购买服务的方式来实现数字化转型，与大型企业建立共生关系，解决上云问题。政府应出台政策鼓励大型石化企业将内部数字化转型开发工具、管理工具与运营工具等封装为数字产品或服务，面向中小石化企业开放赋能。

②资金投入多元化。

中小企业受到自有资本规模的限制，较难逾越数字化转型的门槛：数字化设备购置、信息系统构建、人才数字化培训与引进。由于当前没有中小石化企业数字化转型成熟的范式，故转型成本较高，尤其是资金成本较高。企业的融资渠道应多元化：一是政府的资金补贴；二是数字转型服务商的融资服务；三是银行的专项贷款；四是产业链核心企业融资；五是其他社会资本融资。融资渠道的多元化有助于降低中小企业数字化转型门槛。

（3）建立石化企业数字化转型的成本收益估算模式与机制

由于石化企业缺乏统一的数字化转型的成本收益模式，故企业及外部投资者无法有效评估转型带来的风险。对于这种不确定性，企业自身大量投入资金的积极性不高，外部投资者信心不足。

政府应通过购买服务的方式，组织数字化转型服务商、高校、科研院所的有关专家，为中小石化企业开展数字化转型提供咨询诊断服务，共同研究建立石化企业数字化转型的成本收益估算模式，对不同类型石化企业数字化转型的成本收益进行评估，降低数字化转型风险，增强企业自身投资的积极性和外部投资者的信心。

建立由政府背书的石化企业数字化转型的技术和项目的评估机制，确保企业商业机密的安全性，并明确中小企业投资价值和发展潜力，利用政府的公信力，缓解企业外部融资约束。

（4）树立典型范例

2023年6月，财政部、工业和信息化部联合发布《关于开展中小企业数字化转型城市试点工作的通知》（以下简称《通知》），明确2023—2025年通过开展城市试点，打造一批数字化转型“小灯塔”企业。结合《通知》精神，辽宁石化产业应打造一批数字化转型的“小灯塔”企业，通过这些典型范例，寻找转型共性特点，规范转型流程，形成转型的可操作手册，进一步降低中小石化企业数字化转型的信息门槛。

（5）建立政府资金支持机制

政府资金支持的政策工具，如资金补贴、税费返还和专用基金等，有助于缓解石化企业数字化的资本约束，更重要的是能起到释放信号、吸引企业自主投资和外部投资的作用。政府资金支持的政策工具应具有靶向性：一是基于上述数字化转型成本收益的评估，筛选支持对象。政府提供资金支持应采用分级制，对数字化转型较为成功的企业加大支持力度。二是关注中小企业，针对中小企业固有特点，设立专门的资金支持方案。三是建立补贴政策效果的评价机制。完善政府补贴的使用效果评价制度，依据数字化转型推进程度，给予阶段性补助，以适应企业数字化发展的需要。

（6）充分优化营商环境

优越的数字化转型营商环境将有助于推动石化企业数字化转型。政府应进一步加强数字化基础设施建设，加快建设高速泛在、天地一体、云网融合、智能敏捷、绿色低碳、安全可控的智能化综合性数字信息基础设施；继续服务好、扶持好石化企业数字化转型，推出更高水平、更高效、更贴心的政府服务；创造更好的、可持续发展的条件，大力激发石化企业数字化转型的热情，千方百计解决好石化企业数字化转型面临的热点、难点问题，打造数字化转型的良好环境，以更高的效率推动辽宁石化企业高质量发展。

10.3.2 企业自身发力数字化智能化转型

（1）关注数字化转型对生产的绿色化作用

石化企业在实施数字化转型的过程中，应重点关注提高绿色生产效率，促进绿色创新，减少资源消耗和环境污染。利用数字技术可识别并减少有限资源的低价值分配活动，有助于石化企业减少生产资源的冗余投入和污染物排放，实现产品全生命周期管控，提升绿色生产的效率。

石化企业应将数字信息技术与绿色产品、绿色工艺结合，关注绿色技术的研发和应用。同时，精准定位市场需求，借助外部绿色创新资源，减少企业绿色创新的研发成本，降低研发风险，从而提高企业的绿色创新能力，助力绿色转型升级和“双碳”目标的实现。

（2）加强政策解读，争取多方位政策扶持

《中华人民共和国国民经济和社会发展第十四个五年规划和2035年远景目标纲要》专门设置了“加快数字化发展 建设数字中国”这一篇，并对加快建设数字经济、数字社会、数字政府，营造良好数字生态做出了明确部署。目前，辽宁省石化产业的智能化、数字化改革正在进行，仍有少部分企业缺乏面对市场激烈竞争主动变革的思想，企业应进一步充分研究国家政策内容，将自身发展同国家数字化建设部署进行统一，尽可能发掘所在区域可利用的资源，让企业数字化转型与国家战略发展共频，依托国家、产业优势共同之力，不断拓展前进。

（3）构建数据库，优化业务综合集成

企业应构建数据库，对业务的综合集成进行优化，同时扩大数据共享和运营数据的仓库数据集成范围，这样才能使不同系统之间的数据联通，进而实现各环节的共享融合。因此，企业应做好整体规划，及时进行协调，以更好地推动业务一体化，充分利用数字化协同作用。

（4）充分利用工业互联网推进数字化改造

工业互联网系统是实现石化领域工业自动化的神经中枢系统，对工业经营的信息汇集、模型研究、应用优化、信息调度等进行支持，工业互联网平台成为赋能石化产业数字化改造的关键抓手。尤其是在销售领域，工业互联网平台进一步提高石化产品销售的自动化程度，促进销售与油田、管网、炼化、石油行业的协调联动发展。

（5）搭建统一的信息系统管理平台

数字化平台是企业提升效率的重要手段。石化企业应从实际出发，以现有的ERP系统为基础，对其进行拓展更新，完善其功能，以优化企业的业务流程。搭建统一的信息系统管理平台，使其贯通计划、安全、生产、设备、财务、会计、采购、销售、售后等各个环节，以实现“响应迅速、业务集中、管理高效”为目标，创建适合自身需要的集成化信息系统，确保其与企业的发展战略同步，提升企业的管理及技术水平，实现资源共享，实现人力资源管理的数字化。

面对规模的扩大以及生产复杂性的增强，企业各生产装置逐步用APC（先进过程控制）取代传统的PID（比例积分微分控制），通过对工艺过程进行分析，建立其数学模型，再以装置内网络为信息载体，实现多变量模型的预测控制，将大多数常规操作交给系统自动进行，对过程动态控制的效能做进一步的改善，缩小生产过程中变量的波动幅度，使其更加接近优化所要达到的目标值，实现生产装置“卡边控制”。最终，通过应用高级过程控制系统，提高生产的稳定性和安全性，确保产品品质的均匀性，提高收益，降低成本，减少污染。企业应进一步加强现场操作与运行数据的采集工作，打造数字化工厂，掌控资产全周期的数据信息，并通过可视化的三维技术和虚拟仿真技术对生产装置进行数字化管理，以提升其标准化和模块化的程度，建设整合工艺设计、工程设计、工程采购、工程施工、开车和项目管理全过程的数字化集成平台，全面覆盖从运行维护、扩建改造到新项目建设的管理，并为全装置仿真模拟打下良好的基础。

（6）持续完善管理体系

结合数字化转型的要求，企业应进一步规范管理，依托数字化系统，在管理流程和制度的各个方面提升管理效率。在数字化转型过程中，制度流程的设计应贯彻“界面明确、流程清晰”的原则，以企业战略为根本，以具体业务数字化革新为出发点，通过相关部门人员集中进行头脑风暴的方式，明晰企业各层级管理职责，实现“责、权、利”相匹配。持续完善管理体系，优化调整数字化革新匹配的激励机制，建立并完善以绩效为导向的薪酬激励体系。企业应通过梳理制度，改变当前需要管理层事必躬亲的情况，给予中层甚至直接业务人员充分的授权，既引导、激发员工的潜能，又使员工感到受重视和尊重，培养其主人翁精神，建立起员工和企业相互信赖的关系。

（7）找准赛道，精细设计

企业都有自身的特点和优势，在数字化智能化转型进程中，应结合这些特点和优势，精准发力，譬如针对某套装置、某套设备、某套工艺来专门设计、开发专用软件或者App，利用物联网技术实现物理装置设备与虚拟信息网的融合，保证在小投入、小改动前提下获取尽可能多的升级。同时，做好顶层规划，转变发展理念，建设标准统一的基础发展平台，设计出企业数字化转型的路线图，逐条逐步地将企业带到新的发展高度。

10.3.3 依托智慧化工园区建设，推动石化企业数字化转型

参考智慧化工园区的建设标准，加快循环经济产业园、精细化工产业园等重点园区的智慧化、标准化建设。推进与高校、专业研究机构合作的科技创新成果孵化基地等功能性平台的建设和运营，将统一管理和数字化手段紧密结合，提升园区的石化企业硬实力和服务软实力。以化工园区为抓手，以工业互联网的建设为依托，推动园区石化企业数字化转型。

10.3.4 鼓励石化企业与高校及科研院所开展协同技术攻关

（1）在重点环节集中科研力量，进行协同攻关

对于石化企业数字化转型中出现的技术问题，鼓励高校、科研院所积极与石化龙头企业联合构建实验室或孵化基地，针对重点环节集中各方科研力

量，对技术、软件研发进行联合攻关，有效推动数字化软件的国产化发展进程，增强石化企业数字化转型稳定性，加快转型速度。

（2）强化数字化后备人才的培养

加强产学研合作机制，基于石化企业数字化转型的大方向，鼓励石化类高校进行石化专业、经管类、机械设备类、计算机类专业人才数字化素养的植入，对原有学科专业培养方案进行改革，加强数字化生产设备的操控实践、数据建模分析能力的培养。

11

加快发展生产性服务业，促进辽宁石化产业转型

2014年8月，国务院印发《关于加快发展生产性服务业促进产业结构调整升级的指导意见》，提出生产性服务业的发展要以产业转型升级需求为导向。国家将从深化改革开放、完善财税政策、强化金融创新、健全价格机制和加强基础工作等方面，为生产性服务业发展创造良好环境。石油化工产业是生产性服务业集中的领域，以发展生产性服务业为着力点推动辽宁石油化工产业转型升级是稳定石化产业经济发展的重要举措，既可以有效地激发辽宁内需潜力，也有利于促进石油化工产业向价值链高端区域发展，同时推动城市经济提质增效。

生产性服务业是从制造业内部生产服务部门独立发展起来的新兴产业，依附于制造业企业而存在，贯穿于企业产业链中的诸多环节。近年来，江苏索普集团及福建省迅达石化工程有限公司等诸多企业都在发展生产性服务业的过程中实现了规模经济。在辽宁石化产业转型升级的重要节点，大力发展生产性服务业，以应对日益激烈的市场竞争，是石化企业实现规模经济的重要手段。如何加快发展生产性服务业，促进石化产业结构调整，是新形势下亟待解决的重大问题。

11.1　辽宁生产性服务业与石油化工产业转型升级

11.1.1　辽宁生产性服务业现状与存在问题

（1）辽宁生产性服务业现状

辽宁生产性服务业发展势头比较平稳，生产性服务业就业人数从2005年的74.9万人增加到2023年的96.8万人，增长率为29.24%。生产性服务业就业人数所占比重在2005年至2023年间一直高于全国平均水平，2023年达到了24.08%，高于同期全国平均水平（16.3%）7.78个百分点。

区位熵指数主要应用在某一地区产业发展水平测度上，通过对某一地区中某一要素的空间分布进行衡量，在一定程度上反映该地区某一产业部门的集聚程度。辽宁生产性服务业集聚度在2020年前一直高于东北地区平均水平，是东北地区生产性服务业发展的重要力量。辽宁生产性服务业对第三产业的贡献整体比率一直在42%和76%之间浮动，这说明生产性服务业一直是辽宁第三产业的中坚力量。

（2）辽宁生产性服务业存在的问题

一是生产性服务业发展缓慢。辽宁作为我国重要的老工业基地，在很大程度上存在“重工轻商”的观念，很多生产性服务业因为归属“商业”的范畴而长期被忽视，导致辽宁生产性服务业发展缓慢，劳动生产率和产业附加值均低于南方经济发达省份。从具体的行业来看，辽宁交通运输业、仓储业和邮政业等生产性服务业发展相对好一些，信息传输服务、金融保险和科技研发等行业普遍落后。另外，辽宁的制造业企业以国企为主，产业链间缺少互动，知识溢出效应较弱。因此，辽宁的优势集中在生产环节，而高端产品研发和品牌推广处于劣势，生产性服务业的发展不均衡。

二是生产性服务业人才供给不足。生产性服务业，尤其是软件业和通信业，属于技术密集型或资本密集型产业。发展生产性服务业需要运用管理学、金融学、数据信息等方面的最新成果，对所需劳动力的专业技术水平要求更高，只有具备大量理论知识和丰富实践能力的专业技术型人才，才能满足生产性服务业快速发展的要求。辽宁对生产性服务业的人才培养没有给予足够的重视，人才在绝对数量上明显不足。人力资源短缺，领军和复合型人才、创新高层次人才更是严重稀缺。此外，一批高水平、高层次的服务型人才外流，辽宁人才短缺的形势更加严峻。

三是生产性服务业政策不健全。作为重要的老工业基地，辽宁的重工业所占比重长期偏高，辽宁各级政府存在倚重重工业的思维。辽宁现有的针对生产性服务业的扶持政策，由于政府重视不够或政策落实不到位，激励效果不明显。同时，政府资金的投入与生产性服务业快速发展的需求存在偏差。例如，辽宁所得税优惠政策主要对采用新技术的工业企业倾斜，而对采用新技术的生产性服务企业却缺少扶持措施。此外，各级地方政府对工业企业给予了较多的财政资金扶持，生产性服务企业所获扶持资金则明显不足。由于地方政府的政策偏差，辽宁生产性服务企业用地、用电的费用比工业企业高，造成生产性服务企业生产成本高，又难以获得银行贷款支持。生产性服务业中很多企业提供的主要是无形服务，固定资产较少，向银行申请抵押贷款困难，较难进一步发展和扩张。

11.1.2 生产性服务业对石油化工产业的促进作用

石化产业是生产性服务业集中的领域，发展空间很大。石化领域生产性服务业近年来一直在探索发展。例如，上海化工物流园区已形成功能齐全的化工物流基础设施平台，可对从制造厂家到批发商、零售商再到最终消费者的整个供应链进行综合信息化管理，最大限度地降低物流运营成本。泉港石化基地的炼化一体化项目已初具规模，目前聚集了200多家与石化相关的从事物流仓储、安装维修、检验检测、电子商务、保温环保等业务的服务型企业。生产性服务业的发展，使当地石化企业的物流、融资、营销等业务更便捷、更高效。

（1）生产性服务业集聚对制造业转型升级具有显著的正向影响

生产性服务业集聚在促进产业合理化发展方面具有重要意义和推动作用，促进生产性服务业集聚能够提升产业结构合理化水平，为产业结构向高级化转变提供支持。

生产性服务业集聚水平与产业数字化升级存在较为显著的正向关系。同时，区域发展水平对制造业数字化升级具有显著的正向影响，一个地区的经济发展水平越高，越有助于制造业进行数字化升级。高端生产性服务业集聚和中低端生产性服务业集聚对制造业数字化升级的影响均是正向的，但是高端生产性服务业集聚对制造业数字化升级的促进效果优于中低端生产性服务业集聚。首先，高端生产性服务业的集聚水平在大多数省份中仍然低于中低端生产性服务业，且高端生产性服务业集聚水平随时间推移有明显提高，发展空间更大，对促进制造业数字化升级的边际效应更强；其次，高端生产性服务业所内含的知识和技术因素更多，对制造业数字化升级的影响更为直接。

（2）生产性服务业集聚对制造业转型升级有空间溢出效应

随着全球化的发展，制造业在发展过程中，经济活动更加活跃、资源要素流通更加频繁，城市之间的相互联系更加密切。某一地区制造业的发展会通过溢出效应促进其他地区制造业的转型升级，两个地区之间距离越近，影响程度越高，即某地区制造业的发展会受到周围城市的影响。

生产性服务业集聚对产业转型升级有空间溢出效应。本地区生产性服务业集聚对本地区制造业转型升级有显著的推动作用。生产性服务业集聚会对邻近范围内的制造业产生空间溢出效应，但是这种溢出效应受到空间距离的影响，随着距离的增加而减弱，并且由于受到市场分割的影响，也在一定程度上受到省界的阻碍。

11.2 辽宁生产性服务业集聚测算

11.2.1 数据来源

根据《国民经济行业分类》的分类标准，生产性服务业分为批发和零售业，交通运输、仓储和邮政业，信息传输、软件和计算机服务业，金融业，租赁和商务服务业，以及科学研究和技术服务业等6个行业。

从数据可获性的角度出发，本章对辽宁14个城市的生产性服务业集聚程度及变动态势进行了考察，选取在岗职工人数，计算2016年、2018年、2020年、2022年各城市的生产性服务业区位熵指数平均值，以此区分辽宁生产性服务业地理空间上的差异性，结果见表11-1、表11-2、表11-3、表11-4。本章的基础数据来源于2016年、2018年、2020年、2022年的《辽宁统计年鉴》。

表11-1　　2022年辽宁地方生产性服务业区位熵指数

城市	批发和零售业	交通运输、仓储和邮政业	信息传输、软件和信息技术服务业	金融业	租赁和商务服务业	科学研究和技术服务业
沈阳	1.449312	1.994205	0.777289	0.52747	0.968832	1.550465
大连	1.150944	0.851663	2.666021	1.148683	1.237895	1.045418
鞍山	1.000044	0.531971	0.308315	1.015046	1.23992	0.704326
抚顺	0.600658	0.441394	0.29176	0.981155	0.821376	1.19483
本溪	0.553413	0.500442	0.43844	1.220932	0.683344	0.433147
丹东	0.621482	0.735265	0.70372	1.408693	1.229563	0.660945
锦州	0.747255	0.557658	0.362168	1.711314	0.965646	1.132417
营口	0.594298	1.862243	0.535313	1.272574	0.507912	0.432814
阜新	0.646495	0.268633	0.442842	1.238608	0.874714	0.461084
辽阳	0.51057	0.25091	0.336907	0.92689	0.845342	0.686026
盘锦	0.623559	0.361335	0.247313	0.684619	1.053215	0.564642
铁岭	0.446616	0.311236	0.367774	1.619436	0.755439	0.456012
朝阳	1.138287	0.342306	0.33128	1.091272	1.25993	0.676241
葫芦岛	0.703468	0.434127	0.381278	1.329113	1.10899	0.864352

表11-2　　2020年辽宁地方生产性服务业区位熵指数

城市	批发和零售业	交通运输、仓储和邮政业	信息传输、软件和信息技术服务业	金融业	租赁和商务服务业	科学研究和技术服务业
沈阳	1.597168	1.226274	0.792706	1.029597	1.125647	1.938377
大连	1.123449	1.278479	2.842367	0.995494	1.381842	1.008266
鞍山	1.043243	0.731736	0.480414	0.547629	0.995324	0.65909
抚顺	0.650319	0.790977	0.348248	0.931995	0.477169	0.7226
本溪	0.787165	0.598875	0.483868	1.691887	1.321197	0.324459
丹东	0.880889	1.495533	0.601785	1.156078	0.481497	0.664237
锦州	0.771091	0.835266	0.473447	1.539381	0.860696	1.021108
营口	0.643412	2.450126	0.634785	1.306747	0.634454	0.5376
阜新	0.721559	0.595074	0.43512	1.413666	0.645845	0.840275
辽阳	0.493164	0.399532	0.371972	0.80089	1.34381	0.304059
盘锦	0.432323	0.416682	0.213341	0.444165	0.618851	0.521946
铁岭	0.409708	0.339072	0.422342	0.885461	0.988395	0.560239
朝阳	0.868198	0.520454	0.39141	1.063517	0.366376	0.576282
葫芦岛	0.629253	0.72744	0.373446	1.049704	1.10899	0.432127

表11-3　　2018年辽宁地方生产性服务业区位熵指数

城市	批发和零售业	交通运输、仓储和邮政业	信息传输、软件和信息技术服务业	金 融 业	租赁和商务服务业	科学研究和技术服务业
沈阳	1.628663	1.081887	0.823927	0.918875	1.250852	1.633877
大连	1.109472	1.35731	2.805435	1.112442	1.320324	0.846827

续表

城市	批发和零售业	交通运输、仓储和邮政业	信息传输、软件和信息技术服务业	金融业	租赁和商务服务业	科学研究和技术服务业
鞍山	0.957511	0.770592	0.324044	0.818622	1.388839	1.302139
抚顺	0.705037	0.739776	0.391044	1.0039	0.593041	0.631242
本溪	0.759361	1.118024	0.449611	0.862682	1.372021	0.433484
丹东	0.767789	0.708269	0.610679	1.04523	0.584123	1.839866
锦州	0.701065	0.985654	0.980344	1.402649	1.257164	1.039675
营口	1.238043	2.750671	0.582733	1.145569	0.889675	0.517074
阜新	0.747857	0.464273	0.991734	1.266057	0.376301	0.668236
辽阳	0.508987	0.43127	0.412865	1.039429	0.530254	0.478818
盘锦	0.364663	0.338185	0.184211	0.39806	0.313986	0.357963
铁岭	0.757825	0.588959	0.531835	1.215038	0.369518	1.041549
朝阳	0.644693	0.574468	0.440697	1.23211	0.490233	0.546944
葫芦岛	0.595926	0.726731	0.350103	1.252812	1.160952	0.897802

表11-4　　2016年辽宁地方生产性服务业区位熵指数

城市	批发和零售业	交通运输、仓储和邮政业	信息传输、软件和信息技术服务业	金融业	租赁和商务服务业	科学研究和技术服务业
沈阳	1.51516	0.779647	0.875084	0.776025	1.136461	1.729255
大连	1.02377	1.497101	2.548672	1.137404	1.271242	0.704786
鞍山	1.55427	1.170297	0.314419	0.950213	1.028917	1.146087
抚顺	0.707318	0.84401	0.430219	1.034513	1.526529	0.698723
本溪	0.514772	1.18579	0.632006	0.976613	1.400045	0.4075

续表

城市	批发和零售业	交通运输、仓储和邮政业	信息传输、软件和信息技术服务业	金融业	租赁和商务服务业	科学研究和技术服务业
丹东	0.671325	0.802478	0.677963	1.156985	0.455399	1.433273
锦州	0.785466	1.085377	0.981879	1.618363	1.126634	1.288474
营口	0.78187	2.292237	0.734339	1.395361	0.894372	0.548985
阜新	0.619294	0.616979	1.117583	1.144374	0.398811	0.567648
辽阳	0.475034	0.601857	0.488559	1.195098	0.633298	0.632948
盘锦	0.499243	0.352718	0.217365	0.434746	0.450428	0.384526
铁岭	0.903353	0.633141	0.586161	0.82013	0.571443	0.958631
朝阳	0.715462	0.752272	0.507624	1.222314	0.639572	0.739116
葫芦岛	0.529478	0.73122	0.543146	1.100707	0.993848	0.718675

11.2.2 集聚测算

测算生产性服务业集聚程度的方法较多，如E-G指数法、区位熵、空间基尼系数等。本章根据方法实用性及数据可获性，选用区位熵方法对辽宁生产性服务业集聚程度、各市服务业集聚程度进行测算。

区位熵衡量一个地区要素的空间分布情况，体现某个产业部门的专业化程度，在有关产业的研究中是一个十分重要且常用的指标。在这里，区位熵指数（LQ）为某一个城市内特定产业部门的产值（就业人数）在该地区总产值（就业人数）中所占的比例与辽宁该产业部门的产值（就业人数）在辽宁总产值（就业人数）中所占比例之间的比值，计算公式为：

$$LQ_{ij} = (q_{ij} / q_j) / (q_i / q)$$

其中：LQ_{ij}为j地区的i产业在辽宁的区位熵；q_{ij}为j地区的i产业的相关

指标（如产值、就业人数等）；q_j为j地区所有产业的相关指标；q_i为辽宁范围内i产业的相关指标；q为辽宁所有产业的相关指标。LQ_{ij}的值越低，表明该地区产业集聚程度越低。当$LQ_{ij}>1$时，可认为j地区的i产业的集聚程度较高；当$LQ_{ij}<1$时，可认为j地区的i产业集聚程度较低。若LQ的值大于1.5，则说明该行业在该区域内的集聚程度很高。

根据表11-1、表11-2、表11-3、表11-4，对辽宁生产性服务业集聚状况作出如下描述：

（1）辽宁各城市生产性服务业集聚程度普遍不高，且呈现不均衡的状态。具体表现为14个城市生产性服务业细分行业的区位熵存在较大的差异，集聚程度较高的地区为沈阳和大连，其他地区普遍不高。2022年，沈阳的信息传输、软件和信息技术服务业的区位熵指数也只有0.777289，大连的交通运输、仓储和邮政业的区位熵指数为0.851663，也未达到1。其他12个城市，6个行业中，仅有极少数行业的区位熵指数能够达到1以上。其中，辽阳各行业集聚程度最差，6个行业的区位熵指数均未达到1，交通运输、仓储和邮政业的区位熵指数最低，只有0.25091。由此可见，辽宁服务业集聚存在区域发展不平衡的现象，还需进一步统筹发展，整体提高生产性服务业的集聚程度。

（2）分行业看，各城市金融业的集聚程度较高，信息传输、软件和信息技术服务业的集聚程度最低。2022年，有10个城市金融业的区位熵指数达到1以上，处于集聚程度较高的水平。只有大连市的信息传输、软件和信息技术服务业的区位熵指数超过1，集聚程度较高，其他13个城市该产业的区位熵指数均未达到1，集聚程度较低。其他4个行业也分别只在2~6个城市能够达到1以上，整体处于集聚程度较低状态。

（3）从2018—2022年的变化趋势来看，在石化产业较为发达的8个城市（沈阳、大连、抚顺、辽阳、锦州、葫芦岛、盘锦、营口）中，盘锦各行业整体呈现集聚程度上升的趋势，大连有升有降，整体呈现稳定状态。从集聚变化趋势来看，这符合辽宁石化产业发展状况，大连和盘锦正在打造世界级石化产业基地，必然会产生生产性服务业的集聚效应。

11.3 辽宁生产性服务业促进石化产业转型的制约因素

一个地区生产性服务业的集聚能显著促进本地区石油化工产业的发展。与此同时，随着辽宁世界级石化产业基地的不断发力，辽宁生产性服务业在取得了一定成绩的同时，也存在一些问题。

11.3.1 生产性服务业政策支持体系不健全

辽宁作为全国的能源和原材料基地，对于传统的石化产业管理有着丰富的经验和较为完善的配套设施，但是在数字化升级、智能化改造、炼化一体化和精细化工大发展的背景下，供给侧结构性改革和“减油增化”成为发展的重点，智能化、绿色化成为石化企业发展的核心。过去的发展经验和相关配套政策要经过及时调整才能更好地适用于现实情况，这时候就要发挥政府政策的引领作用。目前，辽宁生产性服务业政策支持体系尚不健全，监管制度还存在一定缺陷，如土地和资金政策等。长期以来，辽宁作为重工业基地，重物质、轻服务的思想观念比较浓厚，制定的产业政策及发展战略整体偏重于工业，对生产性服务业的重视程度不够，缺少促进生产性服务业发展的专项政策。比如，在资金来源方面，生产性服务企业提供的是无形服务，缺乏可供抵押的资产，因而较难获得银行贷款和信用机构的融资担保，融资机会少、融资难是这类企业普遍面临的难题。

11.3.2 产业结构“油头大、化身小、炼化一体化程度低、产品低端化”

辽宁石化产业结构中，石油加工工业占比大，化学工业占比小。石油加工以成品油为主，其产量占原油加工量的60%。辽宁石化产业的产品主要处于产业链的中上游，位于中下游的化学工业发展相对滞后。这种产业结构导致石化产品深加工不足，下游的部分行业和企业难以发展壮大。下游需求派生的原料型需求减少，将会反向推动炼化一体化程度的降低，而炼化一体化程度的下降，又会使原料型产能进一步降低。

11.3.3 营商环境有待进一步改善

目前辽宁的营商环境还存在一些问题，虽然中央和地方政府都出台了大量政策支持石化企业发展，但在某些政策的落实和执行力度上有待加强。首先，一些地方“官本位”思想仍然比较严重，对有关政策实施细则了解不透彻，无法及时解决企业遇到的难题。其次，信用体系亟待完善，信息不能及时共享，导致“信息壁垒”“信息孤岛”的出现。最后，营商软环境需要改善。虽然现在辽宁出台了一些激励政策，对石化产业发展有一定促进作用，但还存在政策不够灵活、推广不足等问题。

11.3.4 市场化程度不合理

某些生产性服务业部门特别是金融和通信领域具有较强垄断色彩，国有企业占据优势地位，其他企业难以实现公平竞争。金融、保险、电信、会计、铁路、航运、科学研究等行业领域市场化程度不高，民营资本难以获得从业资格和经营权，降低了生产性服务业的质量和效率，导致整个生产性服务业缺乏发展活力，企业的创新能力低下。

11.3.5 服务性需求不足

欧美发达国家的生产性服务业主要建立在发达的制造业及高新技术产业基础上。辽宁石化产业“油头大、化身小”，因而对现代生产性服务的需求明显不足。大型石化企业在原材料采购、产品销售上自成体系，大量生产性服务由石化企业自身提供，抑制了服务市场上需求规模的扩大。很多石化企业缺少自主知识产权，技术创新能力弱，重要环节如产品和关键技术的研发等对本地服务的需求较少，对生产性服务业的拉动作用不大。

11.3.6 中高端专业人才尤为匮乏

生产性服务业富含密集的知识、技术、人力资本，人才已成为决定生产性服务业发展的根本所在，中高端专业人才的短缺成为阻碍生产性服务业发展的重要瓶颈。信息技术服务类和高层次、高技能人才缺口较大，通晓国际惯例的金融、保险、法律、物流领域的高级专业技术人才严重缺乏。一方面，高校在专业设置、人才培养等方面没有根据辽宁经济发展要求科学规划，不能及时适应石化产业发展趋势，培养的人才无论是数量、质量还是结构，都难以满足辽宁石化产业转型升级的要求；另一方面，石化产业对石化领域高端领军型、创新型人才的引进力度不足，缺少相应有力的配套优惠政策吸引国内外优秀人才参与。

11.4 加快发展生产性服务业，促进辽宁石化产业转型建议

11.4.1 增强生产性服务业政策支持，营造良好政策环境

在生产性服务业发展过程中，良好的政策环境能够为其清除可能遇到的障碍、畅通发展道路。政府部门应制定维护生产性服务业长期发展的政策举措，针对具体的生产性服务业制定相应的引导与支持政策。不同地区和不同类型的生产性服务业发展前景和发展状态存在明显的差异，辽宁地区石油化

工产业聚集水平较高，政府应当根据地域优势及生产性服务业综合发展现状有针对性地布局，更好地促进生产性服务业产业链延伸及产业可持续发展。

制定有关生产性服务业中长期发展规划，明确行业发展重点及发展方向，设立相关发展基金，持续完善维护生产性服务业发展的政策体系等。政府对生产性服务业的审批环节也应当适当精简，提高审批透明度。

注重行业秩序维护，提倡企业良性竞争。在促进生产性服务业发展进程中，维护适度竞争，避免过度竞争，也是政府需要关注的方面。当生产性服务业集聚程度较高时，很可能出现企业间的恶性竞争，抑制行业发展，政府应当发挥区域市场优势，通过积极引导或政策调控等方式支持企业良性竞争。

11.4.2 推进数字化建设，引领企业释放活力

在大数据环境下，企业的数字化程度直接关系到企业的发展潜力。提升企业数字化水平，可以缩短企业信息收集时间，提升企业信息收集效率，促进上下游企业顺畅沟通。首先，加速生产性服务企业知识库的建设，挖掘新型信息服务方式进而提升服务能力。其次，加强数字化建设相关软件研发，面向石油化工行业提供系统解决方案，促进生产业务流程再造和优化。再次，推动石油化工企业与软件提供商、信息服务提供商联合提升企业生产经营管理全过程的数字化水平。最后，支持石油化工企业所属信息服务机构根据实际需求细化服务，提高资金投入效率，鼓励生产性服务业为石油化工行业和社会提供专业化服务。

11.4.3 鼓励石化企业服务外包，维护产业间关联

在促进辽宁石油化工产业转型升级过程中，鼓励石油化工企业将非核心业务进行分离外包，可在一定程度上提高企业对核心业务的关注度，同时有

效提升企业创新优化水平。大力发展服务外包产业，是加快辽宁与国际经济接轨，培育国际竞争力的重要内容，也是辽宁现代服务业快速发展的新增长点，对于推进经济结构调整、培育外贸增长新亮点、扩大就业新渠道具有重要的意义。

服务外包可为辽宁石油化工产业转型升级提供机遇。石化产业可选择在管理咨询、工程设计、物流仓储、信息技术和专业技术服务业等方面实施服务外包，这不仅能够转变辽宁石油化工产业在价值链中地位较低的状态，也能促进石化企业集中优势资源，在企业创新转型过程中取得更大的进展。

11.4.4 鼓励生产性服务企业自主创新，培育和引进高端人才

政府应当紧密结合生产性服务企业技术瓶颈，通过为企业提供税费减免、资金补贴等方式鼓励生产性服务企业加大研发力度，完善企业自主创新机制。同时，应协助企业培养和引进人才，通过为高端人才提供住房补贴、生活补贴等方式，强化生产性服务企业科技高端人才队伍的培养。

11.4.5 发挥龙头企业带头作用，实现企业间协同发展

选育龙头企业，制定培育目录，在政策和资金等方面有目的地培育生产性服务业龙头企业，发挥其引领作用，促进生产性服务业企业间良性合作，全方位服务石化产业链。

在发挥生产性服务业龙头企业的带头作用时，一方面，政府要为生产性服务业内的小企业提供一部分优惠政策，搭建平台促进企业间的良性合作，并推动大企业与小企业形成产业联盟；另一方面，政府要为企业打造更加公平的竞争环境，在促进龙头企业进行创新的同时，也鼓励中小企业加入创新行列，挖掘属于自己的竞争优势。同时，避免企业间恶性竞争，通过积极引导实现龙头企业带头发展及上下游企业间协同发展。

11.4.6 提高产业集聚度，增强产业链竞争力

辽宁生产性服务业存在发展规模小、竞争力不强的问题。产业的适度集聚不仅能有效集中劳动力，也能降低企业运营成本，进而提升企业竞争力。

近年来，沈阳和大连已经呈现出明显的聚集效应，为周边城市发展提供一定的帮助。石油化工产业的快速发展离不开港口、物流、航运、金融、保险业的配套和支持。政府和企业应依托石油化工产业园，共同发力提升生产性服务业集聚度，大力发展石油化工产品运输、仓储、研发、设计、检验检测、贸易营销、金融、保险等专业配套服务企业，并与园内企业形成联动，实现生产性服务业与石化产业集群融合发展。

结束语

辽宁全面振兴新突破三年行动是为服务东北全面振兴、顺应辽宁发展现状而制定的重要战略部署。本书选取了辽宁石化产业这一领域进行考察。

辽宁石化产业如今的瞩目成果，是一代代石化人百年来不懈奋斗所谱写的壮丽诗篇。站在历史的交汇点上，回望辽宁这片热土，她的石化产业经历了从无到有、由弱至强的伟大更迭，这不仅是一部工业史上的传奇，更是一首人与自然和谐共生、科技与环境协同进步的赞歌。

随着本书的深入探讨，我们共同见证了辽宁石化产业在高质量发展道路上的开拓进取。从第1章回顾辽宁石化产业发展经过，到第2章提出的总体战略，再到第3至11章针对产业结构、产业布局、产业链优化、创新链构建、“减油增化”“减油增特”、沿海经济圈产业布局、数字化智能化转型、生产性服务业等方面的具体方案，我们梳理了辽宁石化产业的发展脉络，重点围绕辽宁探索与实践历程，剖析当前省内石化产业发展痛点，为石化产业的高质量发展给出了清晰的实施建议。

辽宁石化产业的绿色、智能、创新高质量发展，需要建立在具体准确完备的指导规划基础上，根据行业特征和发展现状，实事求是，稳扎稳打。在绿色方面，应加快推动产业转型升级，推进炼化一体化和精细化工发展，延长产业链条。在智能方面，应加快数字化转型，强化产学研合作，推进智能化工厂和智慧化工园区建设，重视智慧管理建设，采用政府助推、企业发力、高校和科研机构加持的方式，锚定目标并协同技术攻关，加强数字化智能化融合。在创新方面，应坚持供给侧结构性改革，加快高端人才的培育和省内科技成果转化，努力推动智能制造发展；依据本省石化总体和区域分布特点，打造产业链发展新格局和创新链建设新方案；重视运用金融工具创新石化供应链融资体系，从而降低发展成本。此外，还应推进生产性服务业协同发展，提高石化产业结构转型效率。

现如今，辽宁石化正以全新的姿态展现出新的发展图景。石化产业高端化、智能化、绿色化的特征日益鲜明，为辽宁的经济发展注入了新动力。《精细化工产业创新发展实施方案（2024—2027年）》的印发，为辽宁精细化工产业高端化、绿色化、智能化发展指明了方向。这不仅是对科技创新的重视，也是对产业未来竞争力的塑造。辽宁沿海经济带的专项推进会更是明确了“推动沿海六市石化及精细化工产业协同发展、加快建设长兴岛—辽东湾—锦州湾世界级石化产业基地和精细化工产业带”的战略目标。这一目标的实现，将使辽宁石化产业在国内外占据更重要的位置。

我们坚信，通过不懈的努力和持续的创新，辽宁石化产业必将在绿色、智能、创新的高质量发展道路上走得更远、更稳。让我们共同期待，辽宁石化产业的未来更加辉煌，为地区乃至国家的经济发展贡献更大的力量。

参考文献

［1］李占芳，马喆，张晓明.辽宁石化产业优化升级问题研究［J］. 辽宁经济，2021（2）：22-28.

［2］朱圣红.石油化工行业的可持续发展策略与实践［J］. 中国石油和化工标准与质量，2023，43（22）：85-87.

［3］王铃，黄丽敏，韩宇，等.全球石油化工行业发展趋势及我国对策建议［J］. 中外能源，2024，29（9）：1-8.

［4］王岚，王子臻."双碳"目标下中石化多元化经营探索［J］. 合作经济与科技，2023（19）：126-128.

［5］罗大清，刘潇潇，孔欣怡，等.2023年天然气市场回顾与2024年展望［J］. 当代石油石化，2024，32（3）：1-7；25.

［6］本刊.辽宁沿海经济带：建设世界级石化和精细化工产业基地［J］. 中国石油和化工，2021（11）：74.

［7］王卫星，曹越.石化行业数字化水平、绿色创新和价值创造［J］. 常州大学学报（社会科学版），2023，24（6）：54-62.

［8］于万军，张家鹏.做大做精石油化学工业——辽宁与江苏石化行业的对比分析和建议［J］. 辽宁经济，2012（8）：26-29.

[9] 方向晨.践行初心使命以更高科技创新水平振兴石化［J］. 石油化工管理干部学院学报，2020，22（2）：19-22.

［10］李蕾，高雪颖.智改数转赋能石化行业创新发展［J］. 中国勘察设计，2024（5）：20-23.

［11］佚名."减油增化做特"：推动石化产业转型升级［N］. 中国石化报，2022-08-09（5）.

［12］李文学，张月丽，杨亮亮，等.能源转型下炼化行业发展趋势与企业竞争力分析［J］. 现代化工，2024，44（7）：1-9.

［13］王仁南，贲涛，赵春晖，等.炼化一体全流程生产优化［J］. 炼油与化工，2024，35（1）：47-51.

［14］吴贤，安骁，于宝洋.数智化手段在企业双重预防机制建设中的应用［J］. 石化技术，2023，30（10）：126-128.

［15］尚舵，李渊源，何慧虹，等.石化化工行业数字化转型路径研究与探索［J］. 新型工业化，2023，13（12）：27-40.

［16］戴厚良，陈建峰，袁晴棠，等.石化工业高质量发展战略研究［J］. 中国工程科学，2021，23（5）：122-129.

［17］何帆，刘红霞.数字经济视角下实体企业数字化变革的业绩提升效应评估［J］. 改革，2019（4）：137-148.

［18］李佩娜，蔡永刚.传统企业数字化转型的动因、路径与成效分析［J］. 商讯，2023（10）：80-83.